REDIGIR:

Agir por Escrito

David Pereira

REDIGIR:
Agir por Escrito

DVS Editora Ltda.
www.dvseditora.com.br

Redigir: Agir por Escrito
Copyright © DVS Editora 2006

Todos os direitos para a língua portuguesa reservados pela editora.

Nenhuma parte desta publicação poderá ser reproduzida, guardada pelo sistema *retrieval* ou transmitida de qualquer modo ou por qualquer outro meio, seja este eletrônico, mecânico, de fotocópia, de gravação, ou outros, sem prévia autorização, por escrito, da editora

Produção Gráfica, Diagramação: ERJ Composição Editorial
Design da Capa: Spazio Publicidade e Propaganda
ISBN: 85-88329-30-1

Dados Internacionais de Catalogação na Publicação (CIP)
(Câmara Brasileira do Livro, SP, Brasil)

Pereira, David Joia
　　Redigir : agir por escrito / David Joia Pereira. — São Paulo : DVS Editora, 2006.

　　ISBN 85-88329-30-1

　　1. Português - Redação 2. Português - Redação - Estudo e ensino I. Título.

06-0190　　　　　　　　　　　　　　　　CDD-808.0469

Índices para catálogo sistemático:

1. Arte de escrever : Português : Técnica de redação 808.0469
2. Português : Redação 808.0469
3. Redação : Português 808.0469

Apresentação

O presente trabalho tem por objetivo levar a alunos de curso superior, envolvidos com o indispensável desafio de dominar os procedimentos adequados de leitura e escrita, algumas reflexões sobre a estratégica arte de ler e redigir.

Estratégica por envolver procedimentos que extrapolam o simples conhecimento do código verbal, uma vez que estão também implicados o conhecimento de mundo, os valores de crença, as possibilidades de interação, a contextualização, entre outros aspectos que serão focalizados à frente.

Tanto o ato de leitura como o de redigir, realizam-se na dependência direta das condições em que o leitor se encontra, pois envolvem as variáveis decorrentes das potencialidades — ou virtualidades — que cada falante apresenta. Essas estão, de forma expressiva, vinculadas a fatores sociais, econômicos, políticos, entre outros, que se mostram presentes nas atividades de produção textual, ou até são indispensáveis a elas, uma vez que atuam como seu substrato, ou pano-de-fundo.

Nesse processo, também se envolve o próprio conhecimento que o falante tem do código verbal, às vezes mais amplo, outras, mais restrito. Portanto, discutiremos, neste trabalho, a organização do texto enquanto modelo mental de estruturação e enquanto unidade comunicativa, que veicula sua mensagem a partir de uma organização lingüística específica.

Agradecimentos

A todos os professores da FAAP — Fundação Armando Alvares Penteado, pelos desafios profissionais que compartilhamos. Em especial, pelas oportunidades de desenvolvimento que representaram para mim, aos professores:

Benedito Rodrigues Pontes
Joaquim Ramalho de Oliveira Filho
Jorge Miguel
Luiz Alberto de Souza Aranha Machado
Marcos Alberto de Oliveira
Mário Pascarelli Filho
Maurício Andrade de Paula
Ofélia Maria Guazzelli Charoux
Renata Corrêa Nieto
Victor Mirshawka
Victor Mirshawka Jr.

Prefácio

Todo escritor, a seu modo, é um revolucionário. Entenda-se aqui revolucionário aquele que aponta os caminhos para a alteração profunda nos costumes, nas idéias, nas opiniões dos povos e da humanidade. O escritor é um insubmisso e inovador. Nesses termos Camões e Herculano em Portugal foram revolucionários. O primeiro edificou o idioma pátrio, espelhando a alma lusitana com feição sonhadora e amorosa; o segundo, incomparável como historiador, de estilo grave e severo, de uma correção e vernaculidade moderna, desafia a ação do tempo. Também, no Brasil, foram revolucionários Tomás Antônio Gonzaga e Castro Alves, quer pelos ideais de independência, claramente manifestados na ação política; quer pelos ideais de liberdade que os versos vociferam numa eloqüência inflamada e imaginosa, postos a serviço da emancipação.

Todo escritor, a seu modo, é um revolucionário. O professor Davi não foge à regra. Não o estou colocando à altura dos autores portugueses e brasileiros citados. Longe disso. É jovem ainda. Tem pela frente longa jornada, mas parece-me que acorda cedo, já que sabe que tem, pela frente, longa jornada. A seu modo Davi é um revolucionário. Explico. A obra que apresentamos pretende ensinar o idioma nacional... e consegue ser guia infalível no exercício de aprendizagem. Tradicionalmente, ensina-se o vernáculo por meio do estudo da Gramática Normativa da Língua Portuguesa. Davi revoluciona. Ensina-se o idioma por meio de texto. O texto é a alma da língua e o professor Davi só trabalha com o texto. De pronto, já anuncia na Introdução: "É permitido quebrar regras...", tudo em nome da comunicação e da beleza estética. As escolas, às vezes, sacrificam o texto em nome de um estudo sistemático da Gramática. Gramática não é um mal em si. Mas estudar regras em prejuízo da análise de texto, é o mesmo que construir um edifício começando pela cobertura. Este livro vai orientar o estudante.

Escrever bem é um dom natural? Escrever bem requer dom hereditário? É possível existirem pessoas que já nasçam escritoras? Não. Todos os grandes escritores aprenderam sua árdua tarefa, lendo e escrevendo. Alguns fatores endógenos podem auxiliar a vida do escritor, mas ele só consegue ingressar no mundo literário quando busca em outro escritor exemplo, caminho e orientação. Machado de Assis — um dos maiores escritores do país — não cursou a faculdade, não freqüentou algum laboratório de redação e provavelmente não leu qualquer manual de redação. Contudo, sabemos, pela sua obra, que leu tudo de importante que até então se publicara no país e no estrangeiro. Aprendeu a escrever, lendo.

Se o mais humilde dos homens soubesse contar sua própria história, escreveria uma obra que faria inveja a Balzac ou a Victor Hugo. Boa história todos têm. O que poucos sabem é colocá-la no papel. Este livro vai ensinar o estudante a colocar, no papel, seus desejos e histórias. Vai ensiná-los com as poesias de Olavo Bilac e Manuel Bandeira. Nele também o humor de Oswald de Andrade e de Vinicius de Moraes. Não faltam no livro o romantismo de Bernardo Guimarães, nem o modernismo de Cecília Meireles. Os autores são convocados todos a nos ensinar a indispensável arte de escrever: Monteiro Lobato, Chico Buarque, Clarice Lispector, Luis Vaz de Camões, Mário de Andrade. O texto não vem frio impresso no livro. Vem com a competente interpretação do professor Davi que sabe retirar dele luz, inteligência e paradigma.

Eis um livro revolucionário no ensino do idioma pátrio. Dois são os pressupostos de uma revolução: as circunstâncias e os acontecimentos. O professor Davi começou criando um livro — o instrumento de trabalho (circunstâncias); ele próprio vai ministrar as aulas contidas no livro — acontecimentos. Eis porque o chamei de revolucionário.

Professor Jorge Miguel

Sumário

Introdução XIII

Parte I 1
Instrução 1: O Plano de Expressão 3
Exercícios 6
Instrução 2: O Plano de Conteúdo 8
    Instrução 2.a. Unidade Textual 10
Exercícios 11
    Instrução 2.b. Completude Textual 13
Exercícios 15
Instrução 3: Formas de Composição do Texto 18
    Instrução 3.a. Descrição 18
Exercícios 23
    Instrução 3.b. Narração 26
Exercícios 32
    Instrução 3.c. Dissertação 34
Exercícios 39
Instrução 4 – Aplicação das Diferentes Formas de Composição do Texto ... 41
Exercícios 44
Instrução 5 – Denotação e Conotação: O Sentido das Palavras 46
Exercícios 49
Instrução 6 – Funções da Linguagem 50
Exercícios 54

Parte II 55
Atividades de Redação Criativa 57
Exercícios 57
    Correspondência 60

Introdução

> *Se o cotidiano lhe parecer pobre, não o acuse:*
> *acuse-se a si próprio e veja se consegue*
> *apropriar-se de suas riquezas...*
>
> Rainer Maria Rilke

Saber e sabor são palavras derivadas da mesma raiz etimológica. Isso mostra que para se aprender algo é necessário e fundamental estar-se enamorado daquilo, assim a motivação floresce e o conhecimento se revela. Com a escrita ocorre o mesmo. Para se aprender a escrever não há milagre ou método milagroso, o importante é que se escreva com prazer. Porém, em geral, nossas escolas são repetitivas e chatas, ali o prazer é visto como coisa de doido ou vagabundo. Nossas escolas dificilmente refletem a vida e abandonam as possibilidades de felicidade como utopias estéreis, nada edificantes. Como enfrentar esse problema tão árido? Boa estratégia é insistir que certas permissões são concedidas para qualquer momento de criação – de textos escritos ou grandes invenções, de inovações empreendedoras ou avanços tecnológicos. Lembremos de algumas férteis liberdades que podem aumentar o prazer das atividades de escrita e auxiliar no combate com a "folha em branco":

1. É permitido quebrar regras. A única regra intocável é a da procura pela boa comunicação – articulação inteligente do pensamento,

coerência, clareza de exposição, riqueza e detalhamento no trabalho com informações.
2. É permitido, quando a necessidade surgir, escrever em português coloquial.
3. É permitido ser profundo e literário. Também é permitido não ser profundo e literário.
4. É permitido exagerar e é permitido economizar.
5. É permitido ser um participante entusiasta (pessoal, sentimental, subjetivo) ou um observador imparcial (objetivo, distanciado).
6. É permitido se divertir.

Coragem, ousadia, construção se complementam em qualquer tarefa. Escrever é fácil e difícil como só escrever pode ser. Sempre que terminar um texto (seja uma monografia, um ofício, um bilhete ou um apontamento de diário), leia-o em voz alta. Assim poderá perceber os sabores e saberes daquele texto: a fluência, a riqueza, o interessante ali guardado. Em contrapartida, poderá também perceber os seus pecados: concordância malfeita, períodos longos e confusos, frases truncadas. No mais, a regra é praticar e praticar, como em qualquer desafio pedagógico. A ciência das coisas se aprende na lida. Os desafios são interessantes: escrever difícil não é fácil, escrever fácil é difícil. Então, vamos lá?

Importância da Leitura

Como descobrir o prazer de escrever e como escrever com mais propriedade? Ler é a resposta. O hábito de leitura é a chave para ingresso no mundo das letras. Ele estimula e permite descobertas, motiva interesses diversos, amplia a bagagem cultural e existencial, dinamiza a visão de mundo, desenvolve a estruturação lógica do raciocínio, desperta e aguça a sensibilidade, ativa a imaginação e estimula o ato criador. Ler, falar, criar e escrever são elos de uma mesma corrente.

A leitura deve ser um encontro estimulante entre o leitor e o texto. Ela só se realiza plenamente quando estabelecemos uma ligação entre nós e o que lemos, abrindo diálogo com nossa experiência de vida. É evidente que estamos falando de leitura em seu sentido mais amplo, não da mera decodificação de símbolos gráficos. Ler é a força estimulante para criar e escrever.

LEITURA E VISÃO DE MUNDO

Caso pretenda desenvolver a capacidade de formar opiniões críticas e chegar a avaliações pessoais, o ser humano precisará continuar a ler por iniciativa própria. Grande razão para ler: nos dias de hoje, a informação é facilmente encontrada, mas onde está a sabedoria?

Ler bem é benéfico prazer. Conduz à alteridade, coloca-nos em contato com mentes mais originais do que a nossa, livra-nos da tirania do tempo permitindo uma relação contínua com o passado, proporciona crescimento e alivia a solidão.

Cada vez mais a infância passada diante de um aparelho televisor leva à adolescência diante de uma tela de computador, assim a leitura se torna uma prática periférica, quase extraordinária e, sem leitura, grandes oportunidades de crescimento cognitivo são desperdiçadas.

Manteremos a fidelidade ao livro? Ítalo Calvino ensina: "ponhamo-nos na perspectiva dos séculos: os livros circularam por muitos séculos antes da invenção de Gutemberg, e, nos séculos futuros, encontrarão certamente novas formas para sobreviver com seu silêncio cheio de sussurros, sua calma reconfortante e sua inquietude sutil". Claro que os avanços tecnológico serão assimilados, uma sociedade mais avançada tecnologicamente poderá ser mais rica em estímulos, em escolhas, em possibilidades. O fundamental é que haja cada vez mais necessidade de ler, de coisas para ler e de pessoas que leiam.

Abaixo apontamos algumas sugestões. Nos livros indicados está armazenado, sem dúvida, um belo bocado da cultura humanística e da inteligência humana ocidental.

Os Clássicos

1. A epopéia de Gilgamesh
2. Apuleio – *O asno de ouro*
3. *As mil e uma noites*
4. Bocaccio – *Decameron*
5. Calderón de la Barca – *A vida é sonho*
6. Dante Alighieri – *A divina comédia*
7. Ésquilo – *A Oréstia*
8. François Rabelais – *Gargântua e Pantagruel*
9. Gil Vicente – *O auto da barca do inferno*
10. Homero – *A ilíada; A odisséia*
11. John Milton – *O paraíso perdido*
12. Lucrécio – *A natureza das coisas*
13. Marco Aurélio – *Meditações*
14. Marco Polo – *As viagens de Marco Polo*
15. Michel de Montaigne – *Ensaios*
16. Miguel de Cervantes – *Dom Quixote*
17. Nicola Maquivel – *O príncipe*
18. Petrônio – *Satiricon*
19. Plutarco – *Vidas paralelas*
20. Poesia de Camões
21. Poesia de Horácio
22. Poesia de Píndaro

23. Poesia de Safo
24. Sófocles – *Trilogia tebana*
25. Thomas Morus – *Utopia*
26. Virgílio – *A Eneida*
27. Voltaire – *Candide, ou o otimismo*
28. William Shakespeare – sonetos, *Macbeth; Hamlet; A tempestade; Romeu e Julieta*

O Cânone Ocidental

29. Albert Camus – *A peste; O estrangeiro*
30. Aldous Huxley – *Contraponto; Admirável mundo novo*
31. Alexandre Dumas – *Os três mosqueteiros*
32. André Gide – *A sinfonia pastoral*
33. André Malraux – *A condição humana*
34. Charles Dickens – *David Coperfield; Grandes esperanças*
35. Chordelos de Laclos – *As ligações perigosas*
36. Contos de Allan Poe
37. Contos de Anton Tchekov (*O acontecimento*)
38. Contos de Ernest Hemingway e *O sol também se levanta*
39. Contos de Guy de Maupassant (*As jóias; O colar; Bola de sebo*)
40. Contos de Ivan Turgenev
41. Contos de Jorge Luis Borges
42. D. H. Lawrence – *Filhos e amantes*
43. Daniel Defoe – *Robinson Crusoé; Diário do ano da peste*
44. Eça de Queirós – *Os Maias*
45. Émile Zola – *Germinal*
46. Emily Brontë – *O morro dos ventos uivantes*

47. Fiódor Dostoiévski – *Os irmãos Karamazóv; Crime e castigo, O idiota*
48. Francis Scott-Fitzgerald – *O grande Gatsby*
49. François Mauriac – *Thérèse Desqueyroux*
50. Franz Kafka – *A metamorfose; O processo; O Castelo*
51. Gabriel Garcia Márquez – *Cem anos de solidão*
52. George Orwell – *1984*
53. Gustav Flaubert – *A educação sentimental; Madame Bovary*
54. Henry Fielding – *Tom Jones*
55. Henry James – *Retrato de uma senhora*
56. Herman Hesse – *O lobo da estepe; Sidarta; O jogo das contas de vidro*
57. Herman Melville – *Moby Dick*
58. Honoré de Balzac – *A comédia humana*
59. J. D. Salinger – *O apanhador no campo de centeio*
60. Jack London – *O chamado selvagem*
61. James Joyce – *Ulisses; Dublinenses*
62. Jane Austen – *Orgulho e preconceito; Emma*
63. Jonathan Swift – *Viagens de Guliver*
64. Joseph Conrad – *Lord Jim; O coração da treva*
65. José Saramago – *O ano da morte de Ricardo Reis; História do Cerco de Lisboa*
66. Laurence Sterne – *Tristram Shandy*
67. Leon Tolstói – *Ana Karenina; Guerra e paz; A morte de Ivan Ilitch*
68. Lewis Carroll – *Alice no país das maravilhas*
69. Luigi Pirandello – *O falecido Matia Pascal; Seis personagens à procura de um autor*

70. Marcel Proust – *Em busca do tempo perdido*
71. Marguerite Yourcenar – *Contos orientais; Memórias de Adriano; Obra em negro*
72. Mark Twain – *Tom Sawyer; Huckleberry Finn*
73. Mary Shelley – *Frankenstein*
74. Molière – *O doente imaginário*
75. Nathanael Hawthorne – *A letra escarlate*
76. Oscar Wilde – *O retrato de Dorian Grey; A importância de ser prudente*
77. Poesia de Alfred Tennynson
78. Poesia de Baudelaire
79. Poesia de Byron
80. Poesia de Emily Dickinson
81. Poesia de Fernando Pessoa
82. Poesia de John Keats
83. Poesia de Percy Shelley
84. Poesia de Rilke
85. Poesia de Rimbaud
86. Poesia de Robert Browning
87. Poesia de Samuel Coleridge
88. Robert Louis Stevenson – *O médico e o monstro; A ilha do tesouro*
89. Samuel Beckett – *Esperando Godott*
90. Sinclair Lewis – *Babbitt*
91. Stendhal – *O vermelho e o negro; A cartuxa de Parma*
92. Thomas Hardy – *Judas; o obscuro*
93. Thomas Mann – *Morte em Veneza; A montanha mágica*

> 94. Victor Hugo – *Os miseráveis; Nossa Senhora de Paris*
> 95. Virginia Woolf – *Orlando; Mrs. Dalloway*
> 96. Walt Whitman – *Folhas de grama*
> 97. Wilhelm von Goethe – *Fausto; Werter; Wilhelm Meister*
> 98. William Faulkner – *O som e a fúria*
> 99. William Somerset Maughan – *O fio da navalha; Servidão humana*
> 100. O livro que mais lhe agradar

Fichamento

É interessante e enriquecedor que a leitura de um livro venha acompanhada pelo seu fichamento. Abaixo apresentamos um roteiro para organizar essa atividade, observando que ele pode ser adaptado de acordo com a temática do livro que está sendo fichado.

> ## Roteiro para fichamento
> 1. **Informações bibliográficas**
>   Título
>   Autor
>   Gênero
>   Cidade da edição, editora, ano de publicação
>   Dados biográficos
> 2. **Estrutura**
>   Núcleos narrativos
>   Núcleo central

Núcleos secundários
   Apresentação / Introdução
   Desenvolvimento
   Complicação
   Desenlace
   Epílogo
3. **Espaço** (lugar geográfico em que transcorre a ação, ambiente, "clima")
4. **Tempo**
   Tempo cronológico ou histórico (objetivo)
   Tempo psicológico ou metafísico (subjetivo)
5. **Personagem**
   Caracterização física e psicológica
   Protagonista / Antagonista
6. **Foco narrativo**
   1ª pessoa
   3ª pessoa
   Multiplicidade de focos
7. **Apreciação crítica** (conceitos, mensagens, ideologia, problemas levantados, posturas conceituais etc)

Observação: para obras de não-ficção deve-se prescindir dos itens 2 até 6. Todavia o último item deve ser trabalhado com rigor e detalhamento, contendo todas as informações mais importantes apresentadas pelo livro.

COMUNICAÇÃO E LINGUAGEM

Uma das coisas mais incríveis do exercício da escrita é a oportunidade aberta por ele para que nos relacionemos com os mistérios da comunicação e da linguagem.

A comunicação é um dos fatores básicos da aventura humana. Sem ela, o homem perde a sua função enquanto ser racional e social, diferenciado dos demais seres vivos. O homem pode expressar sentimentos, pensamentos, opiniões através do xadrez infinito da linguagem, capacidade colossal, decisiva enquanto definidora da posição que ocupamos no quadro da natureza.

A linguagem é tudo aquilo que permite a comunicação entre os homens. Expressão dos nossos desejos, das nossas idéias e emoções, a linguagem torna-se vital para a convivência humana. Não existe sociedade sem comunicação e, por conseguinte, sem linguagem.

Mesmo sendo elemento indispensável para a construção do social, a linguagem pertence ao domínio do individual. Ao usá-la o indivíduo busca a integração com os semelhantes e exercita suas capacidades de compreensão, análise e discernimento em relação à realidade.

Vivemos em sociedade. Nos relacionamos com diferentes grupos de pessoas e, nesse processo de alteridade, de interação com o outro, a comunicação se torna vital e passa a fazer parte do nosso dia-a-dia.

Comunicação é termo que tem sua origem na palavra "communicare", do latim, significa "tornar comum". A palavra está associada à idéia de convivência, troca de opiniões e mensagens, interação, grupo, comércio.

Podemos distinguir dois tipos de comunicação: a verbal e a não-verbal. A comunicação verbal é aquela que se faz por meio da palavra escrita ou falada. Nessa comunicação, o código para transmissão de mensagens é a língua. A comunicação não-verbal é a que se dá por meio da imagem, dos gestos, dos sons, da linguagem corporal e outros signos.

Um texto, falado ou escrito, pode conter elementos tanto da comunicação verbal quanto da não-verbal. Quando falamos, geralmente, associamos gestos, expressões corporais, entonações de voz, que são formas de expressão não-verbal incorporadas à nossa fala. Um texto escrito pode trazer vários tipos de expressão não-verbal: fotos, gráficos, negritos, aspas, sinais de pontuação, entre outros.

O Desafio Humano da Comunicação

Por que nos comunicamos? Comunicamo-nos para informar, para nos informarmos, para conhecer, para, eventualmente, nos conhecermos, para explicar, para nos explicarmos, para compreender, para nos compreendermos.

Qual é o paradoxo contemporâneo? Um aumento considerável dos meios de comunicação que provoca pouca comunicação (no sentido de "compreensão"). Trata-se de um grave desafio a ser vencido.

A tecnologia atual aponta para duas tendências, isolamento ou integração:

1. o indivíduo produtor superespecializado trabalhando isoladamente em seu terminal de computador,
2. novas formas de comunicação entre as pessoas podem ser inventadas. As redes de computadores (informacionais) podem ser uma abertura para novos contatos e perspectivas. O conhecimento ultrapassa as fronteiras. A imediatez e a facilidade de acesso nos convidam a pensar os problemas em novas formas de organização. A visão do mundo como uma rede conectada em várias partes trabalhando simultaneamente nos oferece a imagem de uma solidariedade internacional como nunca vista antes.

Vamos trabalhar pela integração!

Redigir ou Agir por Escrito

Uma das circunstâncias essenciais para a evolução da vida humana na Terra, desde os primórdios, é a capacidade que os indivíduos têm de se comunicarem e, em função desse objetivo, criarem inúmeras linguagens.

O inventário dessas linguagens é muito variado, pois a comunicação humana se dá em diversas perspectivas: o homem comunica-se falando, escrevendo, gesticulando, desenhando, cantando, dançando, pintando, criando as ciências, as técnicas e as artes.

Podemos afirmar que dentre as linguagens do homem a mais usada e mais presente em todas as experiências sociais é a linguagem verbal, oral ou escrita.

A oralidade é, sem dúvida, predominante na maioria das comunicações, sendo a expressão de uso mais constante, familiar e de fácil domínio, ao passo que a escrita é complexa e, portanto, mais difícil de ser dominada, requerendo estudo e atividades práticas.

Dominar a forma escrita da língua é um desafio do qual nenhum de nós pode escapar, pois a escrita se expressa em múltiplos campos, não só do nosso conhecimento, como de nossas vidas cotidianas.

A finalidade deste livro é definir e especificar os comportamentos lingüísticos que podem levar ao uso adequado da linguagem verbal escrita, com a intenção de fornecer esclarecimentos e exercícios que facilitem o domínio dessa atividade, tanto na produção de textos objetivos, como criativos.

Assim, de todas as formas de comunicação do homem, vamos explorar a redação.

Parte I

Instrução 1: O Plano de Expressão

O ser humano, para aprender um idioma, seja materno ou estrangeiro, precisa desenvolver quatro padrões específicos, que se organizam em etapas mais ou menos ordenadas: entender, falar, ler e escrever.

Delas depende a aquisição dos conhecimentos que criam a habilidade de se comunicar numa determinada língua, sendo que o indivíduo pode ser considerado apto ao seu uso, apenas quando consegue o inteiro domínio de todos os padrões referidos.

Dentre eles, aquele que é o mais desafiador e exige melhor treino, maior nível de conhecimentos é a escrita, que é também o núcleo central do roteiro que iremos percorrer, neste estudo prático de redação.

Redigir é expressar-se por escrito. Trata-se de uma forma de produção de texto que depende de ordem e método, pois pressupõe um segmento lógico de idéias, as quais se compõem de maneira funcional, ou seja, cada palavra, cada construção frásica, desempenha sua função determinada, que fornece estrutura ao todo a ser comunicado.

A redação de textos se faz presente nas mais diversas experiências humanas, que podem ir desde um simples bilhete até a elaboração de textos eruditos e rebuscados, passando pelas canções, discursos políticos, publicitários, científicos, jornalísticos, literários, entre tantos outros.

Partindo da noção de que texto é tudo aquilo que apresenta significação articulada e completa, é possível considerar como "redigida" qualquer e toda expressão escrita portadora de significado.

De um recado preso à porta da geladeira, um lembrete na agenda, uma carta de amor, até um poema ou textos científicos, todos podem ser considerados redações.

As diferenças percebidas nos inúmeros tipos de comunicação escrita são devidas, principalmente, ao nível de linguagem empregado em sua elaboração. Observe as diferenças, por meio dos seguintes exemplos:

Texto 1:

O espírito humano não se contenta com a simples observação dos fatos: procura também a sua explicação, a sua razão de ser, a sua causa, enfim. Partindo da simples observação, criando hipóteses, verificando (testando), chega-se à generalização, à lei ou princípio científico. Observação, hipótese, verificação e generalização constituem, de fato, os estágios normais do método experimental.

(Othon Garcia, *Comunicação em prosa moderna*)

Esse texto foi escrito numa linguagem bastante formal ou erudita, que faz uso de palavras objetivas e exatas, ligadas ao universo das ciências e exige grande cuidado com o uso correto da gramática.

É possível afirmar que o texto desse exemplo se expressa em um registro formal de língua, que é usado com maior freqüência no idioma escrito, em ambientes intelectuais e universitários.

Além dele, podemos nos expressar, ou seja, registrar nossos discursos em linguagem coloquial ou informal, aquela usada nas vivências cotidianas, no convívio familiar e na mídia em geral, como se lê no exemplo:

Texto 2:

O Estado da São Paulo passa a ter hoje 40 milhões de habitantes, superando a população de 178 países. Na América do Sul, só perde para a Colômbia. Segundo projeções da Fundação Seade, a nova marca tem hora certa para ser atingida: 14h36. O cálculo foi feito com base em dados de nascimentos, mortes e migrações.

Unidade da federação com maior concentração de pessoas do país, São Paulo responde hoje por 21% da população nacional. O Estado chega a esse número com registros de crescimento superior à média nacional. Já a capital paulista conta com 10,7 milhões de habitantes.

(*Folha de São Paulo*, Cotidiano, 30/7/2005)

Nesse nível o arranjo gramatical aceita maiores flexibilidades (podendo, inclusive, absorver certos equívocos), em função de uma comunicação objetiva e espontânea.

Há um terceiro tipo de expressão que se manifesta em linguagem vulgar:

Texto 3:

Atenção, malandrage! Eu num vô pedir nada, vô te dá um alô! Te liga aí: Aids é uma praga que rói até os mais fortes, e rói devagarinho. Quem pega essa praga está ralado de verde e amarelo, de primeiro ao quinto. Num tem doto que dê jeito, nem reza brava, nem choro, nem vela. Eu num to te dando esse alô pra te assombra, então se toca! É preciso que cada um se cuide, ninguém pode vale pra ninguém nesse negócio.

(Plínio Marcos, Vídeo educativo exibido em presídios, Realização: TV Cultura)

Nesse caso, língua se rebaixa e passa a se apresentar em sua formulação mais vulgar, admitindo enorme informalidade e liberdade de construção.

Assim, é possível afirmar que, independentemente de seu plano de conteúdo – que vem a ser o assunto da comunicação –, o plano de expressão de uma redação, ou seja, a sua forma, pode se desenvolver em três tipos diferentes de linguagem, ou registros, desde que se entenda registro como a maneira particular que cada um tem de se expressar. Eles são, como vimos:

a) formal ou erudito, de uso preferencial no padrão escrito. Empregado nas universidades, fóruns, discussões culturais, debates etc.

b) informal ou coloquial, de uso no cotidiano e corrente na mídia.

c) vulgar, ligado a certas possibilidades expressivas, tornando-se inadequado em diversos ambientes e situações.

Exercícios

1. Defina o registro em que foi elaborado o seguinte texto e justifique a sua definição:

   O homem quer ser mais do que apenas ele mesmo. Quer ser um homem total. Não lhe basta ser um indivíduo separado; além da parcialidade da sua vida individual, anseia uma "plenitude" que sente e tenta alcançar, uma plenitude que lhe é fraudada por todas as limitações, uma plenitude na direção da qual se orienta quando busca um mundo mais justo, um mundo que tenha significação.

2. Reescreva o seguinte texto em registro coloquial:

   A linguagem – o falar humano – oferece uma abundância inexaurível de múltiplos tesouros. A linguagem é inseparável do homem, e o acompanha em cada uma de suas atividades. A linguagem é o instrumento com que o homem pensa e sente, forma estados de alma, aspirações, volições e ações, o instrumento com que influencia e é influenciado, o fundamento último e mais profundo da sociedade humana.

   Ela também é o sustentáculo último, indispensável, do indivíduo, o seu refúgio na hora da solidão, quando a mente luta com o problema da existência, e o conflito se resolve no monólogo do poeta e do pensador.

3. Leia o texto *Defenestração*, de Luis Fernando Veríssimo. Depois, podendo consultar o dicionário, procure apontar o significado coloquial de cada uma das palavras destacadas (expressas no texto em registro formal).

Defenestração

Certas palavras têm o significado errado. **Falácia**, por exemplo, devia ser o nome de alguma coisa vegetal. As pessoas deveriam criar falácias em todas as suas variedades. A Falácia Amazônica. A misteriosa Falácia Negra.

Hermeneuta devia ser o membro de uma seita de andarilhos herméticos. Onde eles chegassem, tudo se complicaria.

– Os hermeneutas estão chegando!

– Ih, agora é que ninguém vai entender mais nada...

Os hermeneutas ocupariam a cidade e paralisariam todas as atividades produtivas com seus enigmas e frases ambíguas. Ao se retirarem deixariam a população prostrada pela confusão. Levaria semanas até que as coisas recuperassem o seu sentido óbvio. Antes disso, tudo pareceria ter um sentido oculto.

Traquinagem devia ser uma peça mecânica.

– Vamos ter que trocar a traquinagem. E o vetor está gasto.

Plúmbeo devia ser o barulho que um corpo faz ao cair na água.

Mas nenhuma palavra me fascina tanto quanto **defenestração**.

A princípio foi o fascínio da ignorância. Eu não sabia o seu significado, nunca me lembrava de procurar no dicionário e imaginava coisas. Defenestrar devia ser um ato exótico praticado por poucas pessoas. Tinha até um certo tom lúbrico. Galanteadores deviam sussurrar no ouvido das mulheres:

– Defenestras?

A resposta seria um tapa na cara. Mas algumas... Ah, algumas defenestravam.

Também podia ser algo contra pragas e insetos. As pessoas talvez mandassem defenestrar a casa. Haveria, assim, defenestradores profissionais.

Ou quem sabe seria uma daquelas misteriosas palavras que encerravam os documentos formais? "Nestes termos, pede defenestração..." Era uma palavra cheia de implicações. Devo tê-la usado uma ou outra vez, como em:

– Aquele é um defenestrado.

Dando a entender que era uma pessoa, assim, como dizer? Defenestrada. Mesmo errada, era a palavra exata. (...)

4. Escreva um comunicado em linguagem informal, para que seus amigos saibam que você se mudou para uma casa nova. Explique os motivos da mudança e aponte aspectos interessantes da sua nova moradia.

5. "Andar na linha" é um dito popular bastante comum entre nós. As pesoas falam umas para as outras: "juízo, ande na linha!" e coisas desse gênero. Escreva um texto formal com esse tema.

6. Todos sabemos o sentido da expressão "enfiar o pé na jaca". Elabore um texto informal com esse tema.

Instrução 2: O Plano de Conteúdo

O plano de conteúdo de uma redação é definido como o assunto apresentado no texto.

O mesmo assunto pode ser tratado de maneiras diversas, dependendo do interesse de quem o elabora. Por exemplo, um astrônomo fala de estrelas sob um enfoque bem diferente daquele do lexicógrafo, do poeta ou do astrólogo, como se vê nos exemplos:

Astrônomo: Estrelas – Existem estrelas de diversos tamanhos e graus de brilho. Umas são muito maiores e mais brilhantes do que o Sol, enquanto outras são menores e mais fracas. Assim, tomemos como exemplo a supergigante Betelgeuse: seu diâmetro fica entre 300 e 400 vezes o diâmetro do Sol, e ela emite uma quantidade de luz 15000 vezes superior à emitida pelo Sol. Por outro lado, a anã vermelha conhecida como estrela Barnard possui apenas um décimo do diâmetro do Sol, e emite duas mil vezes menos luz do que o Sol, só podendo ser vista ao telescópio. Embora à primeira vista todas as estrelas pareçam brancas, um exame mais minucioso revela que elas têm as cores mais variadas. A cor de uma estrela indica a temperatura em sua superfície. As estrelas mais quentes emitem luz azul ou branca, enquanto as menos quentes são alaranjadas ou vermelhas. O Sol, uma estrela amarela, é uma estrela média tanto em tamanho quanto em temperatura. Analisando a luz emitida por uma estrela, os astrônomos podem calcular sua luminosidade, determinando se ela é uma estrela gigante e quente ou uma anã relativamente "fria".

Lexicógrafo: Trata-se de um substantivo feminino. Qualquer corpo luminoso visível no céu noturno, podendo ser também qualquer pessoa que se destaca em alguma atividade ou uma artista famosa muito cotada por parte do público.

Astrólogo: o alinhamento da estrela da Ursa Maior com Vênus trará sucesso amoroso nos próximos 30 dias aos nascidos em Escorpião e Câncer.

Poeta:

Ouvir Estrelas
"Ora direis ouvir estrelas! Certo
Perdeste o senso"! E eu vos direi, no entanto,
Que, para ouvi-las, muita vez desperto
E abro as janelas, pálido de espanto...

E conversamos toda a noite, enquanto
A via láctea, como um pálio aberto,
Cintila. E, ao vir do sol, saudoso e em pranto,
Inda as procuro pelo céu deserto.

Direis agora!"Tresloucado amigo!
Que conversas com elas? Que sentido
Tem o que dizem, quando estão contigo?"

E eu vos direi:"Amai para entendê-las:
Pois só quem ama pode ter ouvido
Capaz de ouvir e de entender estrelas"

Olavo Bilac

A Estrela
Vi uma estrela tão alta,
Vi uma estrela tão fria!
Vi uma estrela luzindo
Na minha vida vazia.

Era uma estrela tão alta!
Era uma estrela tão fria!
Era uma estrela sozinha
Luzindo no fim do dia.

Por que da sua distância
Para a minha companhia
Não baixava aquela estrela?
Por que tão alta luzia?

E ouvia-a na sombra funda
Responder que assim fazia
Para dar uma esperança
Mais triste a fim do meu dia

Manuel Bandeira

É por meio do plano de conteúdo que se elaboram os traços característicos de um texto, pois é dele que dependem a unidade e completude indispensáveis a todo e qualquer texto, como veremos a seguir:

Instrução 2.a. Unidade Textual

A palavra texto significa "tecido". É como se fosse feita uma trama, só que em vez de ser feita com fios, é feita com letras, com palavras e com frases. Vejamos a música **Bê-a-bá** de Toquinho:

Com A escrevo amor
Com B bola de cor
Com C eu tenho corpo, cara e coração
Com D ao meu dispor, escrevo dado e dor
Com E eu sinto emoção
Com F falo flor
Com G eu grito gol
Com H de haver eu posso harmonizar
Com I desejo ir
Com J volto já
Com L eu tenho luar
Com M escrevo mão, mamãe, manjericão
Com N digo não e o verbo nascer
Com O eu posso olhar
Com P papai e pá
Com Q de quero querer
Com R eu posso rir
Com S sapoti
Com T tamanduá
Com U Urubupungá

> Com V juro que vi
> Com X faço xixi
> No fim o Z da zebra.

O autor, nesse texto, relaciona as letras do abecedário com palavras e constrói frases que associam as letras com as palavras por elas iniciadas.

É a esse jogo de relações que chamamos texto, só que ele não pode ocorrer de uma forma aleatória, é necessário que haja um eixo norteador que relacione todas as partes, formando um todo único.

No texto que lemos, a organização se dá por meio do abecedário, isto é, a seqüenciação das letras é que orientam a organização do texto, dando-lhe unidade, tornando-o um todo uno.

Em suma: O texto tem de ter unidade, isto é, tem de ser um todo. Para que ele seja um todo, é indispensável que trate de um único e mesmo assunto, ainda que assuntos paralelos se apresentem como contraponto.

Os exercícios que seguem servem para praticar a noção de unidade.

Exercícios

1. O princípio norteador da organização do texto é a ordem alfabética dos bichos. Complete as frases, dando a eles uma característica, para tanto, não esqueça de colocar um verbo.

   A aranha....
   O bem-te-vi...
   A coruja....
   O dinossauro...
   O elefante...
   A formiga...
   A girafa...
   O hipopótamo...

A iguana...
O jacaré...
O leão...
O macaco...
A naja...
A onça...
A preguiça...
O quati...
A rã...
O sapo...
O tatu...
O urubu...
O veado...
A zebra...

2. O texto a seguir foi reproduzido com sua organização original propositalmente alterada. Sua tarefa, agora, é reordenar as frases para que o texto recupere seu sentido. Depois dê-lhe um título:

"Por isso, toda vez que se sentiam culpados de alguma coisa, batiam no tronco do carvalho, com os nós dos dedos, para chamar as divindades e pedir-lhes perdão.

Há cerca de 4 mil anos, os índios da América do Norte – e, quase à mesma época, os egípcios – observaram que o carvalho, apesar de sua imponência, era a árvore mais freqüentemente atingida pelos raios.

Já em Roma, batia-se na madeira da mesa para invocar proteção das divindades caseiras, pois a mesa era considerada sagrada.

Daí concluíram que o carvalho era a morada dos deuses na Terra."

(*Superinteressante*, nº 1, jan. 1989)

Título: _____

Texto reordenado:

3. A poesia abaixo, de Oswald de Andrade, teve a sua organização original modificada. Reorganize-a.

ERRO DE PORTUGUÊS
Debaixo duma bruta chuva
Fosse uma manhã de sol
O índio tinha despido o português.
Quando o português chegou
Que pena!
Vestiu o índio
Texto reordenado:

Instrução 2.b. Completude Textual

Não basta, ao texto, ter unidade, ele precisa também ter completude, isto é, ser um todo uno e completo, capaz de levar ao leitor uma mensagem que tenha início, meio e fim, ou, como se diz na linguagem escolar: introdução, desenvolvimento e conclusão.

Vejamos o texto seguinte, sobre a possibilidade de haver vida em Marte:

A detecção de uma minúscula quantidade de gás metano a dezenas de milhões de quilômetros da Terra só pode interessar a uma meia dúzia de cientistas profissionais, certo? Pois esta descoberta, anunciada ano passado, é um dos mais fortes indícios de possibilidade de vida alienígena já encontrados. O metano recém-descoberto fica na atmosfera de Marte, um dos ambientes do sistema solar que mais se assemelham à Terra, e que possuiu no passado outros elementos favoráveis à atividade biológica, inclusive água líquida.

Na Terra, o metano corresponde a 0,00017% da atmosfera. A maior parte é resíduo da atividade metabólica de seres vivos. E há certas bactérias que são chamadas de metanogênicas. Elas obtêm energia reagin-

> do dióxido de carbono e hidrogênio, e produzindo vapor d'água e metano. Algumas vivem em locais inóspitos, sem luz ou oxigênio. Quem sabe, talvez um tipo similar de ser vivo exista em Marte. Também é possível que o metano marciano seja o resultado de processos geológicos, envolvendo transformações químicas ocorridas no interior do planeta. Nesse caso, o sonho de encontrar vida em outro planeta seria adiado mais uma vez.
>
> (Revista *Galileu*, nº 167, jun. 2005)

O texto como um todo apresenta completude porque fala das condições de haver vida em Marte do início ao fechamento. Ele apresenta uma introdução, que serve para situar o leitor no assunto que vai ser tratado: a possibilidade de haver vida em Marte.

O assunto é a informação nova que está sendo dada. Quando começa a informação nova é que se inicia o que chamamos de desenvolvimento. Sempre que lemos um texto, qualquer que seja ele, vamos em busca da informação nova. Terminado o assunto, é feito o fechamento.

Vejamos, em partes, a disposição dos elementos do texto:

1. Introdução: focaliza o assunto em termos amplos – do início até "certo?".

2. Desenvolvimento: inicia-se quando o texto fornece a primeira informação nova e apresenta os fatos, as idéias e os argumentos exigidos pelo que foi anunciado na introdução – de "Pois esta descoberta" até "no interior do planeta".

3. Conclusão: apresenta uma possível solução ao assunto, encerra a redação de tal modo que não é necessária mais nenhuma explicação – de "nesse caso" até o final.

Exercícios

1. Indique no texto seguinte a introdução, o desenvolvimento e a conclusão:

   O aposentado Pedro Bordin, 89, e sua filha a dona-de-casa Janete Bordin de Veras, 66, morreram anteontem à noite, em Osasco (Grande SP), após serem atropelados por um adolescente de 16 anos que dirigia o carro da mãe.

   As duas vítimas atravessavam pela faixa de pedestres da avenida dos Autonomistas com a rua Primitiva Vianco, por volta das 21h30, quando o Gol prata ano 1999, conduzido pelo garoto, avançou o sinal vermelho e os atropelou.

   Pai e filha voltavam a pé para a casa de um culto evangélico. Testemunhas disseram, em depoimento, que o jovem estava em alta velocidade na hora do acidente.

   O aposentado morreu na hora. A filha chegou a ser socorrida no hospital Cruzeiro do Sul, também em Osasco, mas não resistiu aos ferimentos e morreu logo depois. Viúvo, com três filhas, sete netos e nove bisnetos, Pedro morava com a filha Janete, o marido dela e um dos netos.

   A mãe do adolescente afirmou que o garoto jamais havia pego o carro. "Foi a primeira vez e aconteceu essa tragédia", disse. À polícia, o adolescente afirmou que pegou o veículo escondido de sua família. Os vizinhos do adolescente desmentiram a versão da mãe à polícia. "Eles [os pais] são os mais irresponsáveis, pois estavam cientes e não fizeram nada", disse um vizinho que não quis se identificar. Um outro jovem da vizinhança, de 17 anos, afirmou que o adolescente pegava o carro da família quase diariamente.

   Ontem, o adolescente teria uma audiência com um juiz da Vara da Infância e da Juventude que decidiria se ele seria encaminhado ou não à Febem.

   (*Folha de São Paulo*, Cotidiano, 1/8/2005)

2. Coloque os seguintes fragmentos na ordem adequada para que o texto apresente completude:

   1 Um estudo mostrou que 94% das pessoas que se conhecem pela rede e marcam um encontro acabam namorando pelo menos sete meses.

   2 Quem acha impossível encontrar a cara metade na internet não tem mais motivos para desconfiar da eficiência da rede.

   3 Ao contrário deles, as mulheres, mostrou a pesquisa – feita por meio de um questionário *on-line*, com 229 pessoas entre 18 e 65 anos, usuários de serviços de namoro *on-line*–, são mais discretas.

   4 O estudo também mostrou que os homens se envolvem mais com suas namoradas virtuais, tornando-se mais dependentes e abrem mais o coração.

   Ordem correta: ___ – ___ – ___ – ___

3. Leia o seguinte texto, no qual está faltando uma parte. Esclareça qual é e o complete como bem entender

O Galo Bom

O homem da cidade, ao visitar o interior, resolveu realizar um antigo sonho que era jogar numa rinha de galos.

Tratou logo de descobrir onde poderia encontrar uma arena para ver os galos brigarem e apostar no seu favorito.

Ao final da disputa, o homem da cidade, muito bravo, dirigiu-se novamente ao camarada de quem tomara as informações e reclamou:

"Eu perguntei a você qual era o galo bom. E você me disse que era o preto. Joguei todo o meu dinheiro nele e ele perdeu feio a briga. Você me explica isso?"

O caipira respondeu então: "Uai! você queria jogar no galo bom, não é? O bom era o preto, pois como você viu o branco é que era malvado, malvado..."

4. Faça a introdução que está faltando no texto seguinte"

A Tempestade

O grito dos pássaros foi de repente substituído pelo ronco dos trovões, que enfurecidos ecoavam entre os ramos das árvores, cujas raízes pareciam querer se desprender da terra.

Grossos pingos de chuva tomavam lugar das primeiras gotas que antecederam a tempestade.

Raios cortavam o cinza escurecido do céu, que se abaixara até quase tocar o solo. Com a chegada da noite, a chuva se enfureceu e mostrou que haveria de continuar até de manhã.

5. Elabore uma conclusão para o seguinte texto

A Festa

A mãe, ansiosa, corria os olhos pelo salão, para ver se estava tudo em ordem: as mesas cobertas por toalhas de linho muito alvo, as flores delicadas em torno das longas velas brancas, o pequeno palco com o tapete vermelho, por onde haveria de passar a aniversariante, de braço com o pai, ao som de "Carruagens de fogo".

A orquestra já estava a postos e os garçons aguardavam pelos convidados, ao lado das pesadas bandejas de prata, cobertas por canapés coloridos e salgadinhos diversos.

Aos poucos o salão foi ficando tomado pelos parentes, amigos, conhecidos e, pouco antes das vinte e três horas, a debutante apareceu na ponta do tapete vermelho, trêmula, diáfana, iluminada por feixes coloridos de luz, levada pelo pai até o palco onde os aguardavam a mãe, os três irmãos e a avó paterna. Porém, antes de chegarem lá, o tumulto se instaurou.

> Não se sabe ao certo se começou quando um tijolo acertou a janela principal, quebrando a vidraça, ou quando a multidão faminta adentrou pela porta principal.

Instrução 3: Formas de Composição do Texto

Há três diferentes formas de compor um texto: descrever, narrar ou dissertar. Dificilmente um texto apresenta apenas uma dessas formas, embora seja possível que uma delas se apresente como estrutura dominante numa comunicação.

Quando descrevemos, colocamos em foco algo que é percebido, seja real, fictício ou abstrato. Assim, podemos por exemplo, descrever um cavalo (real), um dragão (fictício) ou até mesmo o medo (abstrato), se quisermos exemplificar cada caso.

A narração implica um conjunto de acontecimentos, pois só se pode narrar o que tem história, o que acontece no tempo, seja factual ou ficcional.

Por fim, é possível afirmar que quem disserta não relata fatos, como no texto narrativo, e nem apresenta seres, como nas descrições. Dissertar é expor e discutir idéias, que são abstratas e dependem da lógica.

De acordo com os objetivos de cada redação, haverá um pendor maior para uma forma específica de tratamento do assunto, que pode ser retratar, contar ou discutir idéias.

Instrução 3.a. Texto Descritivo

Estrutura

O texto descritivo apresenta, geralmente, uma organização constituída das seguintes partes:

1. Uma introdução – em que é apresentado, enquanto um todo, o ser (animado ou inanimado) que vai ser descrito.

2. Um desenvolvimento – em que são selecionadas partes do todo, consideradas as mais importantes para caracterizar o ser.
3. Uma conclusão – em que o todo é avaliado com base nas características atribuídas às partes selecionadas.

Vejamos, como exemplo, o texto que se segue:

A Casa

Introdução
Era uma casa
Muito engraçada
Não tinha teto
Não tinha nada
Ninguém podia
Entrar nela não
Porque na casa
Não tinha chão

Desenvolvimento
Ninguém podia
Dormir na rede
Porque na casa
Não tinha parede
Ninguém podia
Fazer pipi
Porque penico
Não tinha ali

Conclusão
Mas era feita
Com muito esmero
Na Rua dos Bobos
Número Zero

(Vinícius de Moraes)

Em primeiro lugar é apresentado o ser que vai ser descrito: a casa, que é caracterizada como "muito engraçada".

Depois vem a explicação que justifica o porquê de ela ser considerada engraçada. Para tanto, são selecionadas partes da casa (certas características são destacadas, focalizadas): teto, chão, parede, penico.

Por fim, vem a avaliação do todo, isto é, da casa.

Em suma: Para se ter um texto descritivo é necessário que haja uma caracterização do ser por meio de partes selecionadas a fim de se poder avaliá-lo.

Características

A descrição é uma composição, com base em um feixe de características escolhidas, daquilo que individualiza e torna único o ser descrito, pelos seus traços essenciais.

Tudo o que existe, assim como tudo o que pode ser concebido, apresenta condições de ser descrito.

Costuma-se chamar de retrato a descrição de pessoas, pois ela deve funcionar como uma fotografia e transmitir a idéia global do conjunto, como se lê no seguinte exemplo:

> Acha-se ali sozinha e sentada ao piano uma bela e nobre figura de moça. As linhas do perfil desenham-se distintamente entre o ébano da caixa do piano, e as bastas madeixas ainda mais negras do que ele. São tão puras e suaves essas linhas, que fascinam os olhos, enlevam a mente, e paralisam toda análise. A tez é como o marfim do teclado, alva que não deslumbra, embaçada por uma nuança delicada, que não sabereis dizer se é leve palidez ou cor-de-rosa desmaiada. O colo donoso e do mais puro lavor sustenta com graça inefável o busto maravilhoso. Os cabelos soltos e fortemente ondulados se despenham caracolando pelos ombros em espessos e luzidios rolos, e como franjas negras escondiam quase completamente o dorso da cadeira, a que se achava recostada.

> Na fronte calma e lisa como mármore polido, a luz do ocaso esbatia um róseo e suave reflexo; di-la-íeis misteriosa lâmpada de alabastro guardando no seio diáfano o fogo celeste da inspiração. Tinha a face voltada para as janelas, e o olhar vago pairava-lhe pelo espaço.
>
> Os encantos da gentil cantora eram ainda realçados pela singeleza, e diremos quase pobreza do modesto trajar. Um vestido de chita ordinária azul-clara desenhava-lhe perfeitamente com encantadora simplicidade o porte esbelto e a cintura delicada, e desdobrando-se-lhe em roda amplas ondulações parecia uma nuvem, do seio da qual se erguia a cantora como Vênus nascendo da espuma do mar, ou como um anjo surgindo dentre brumas vaporosas. Uma pequena cruz de azeviche presa ao pescoço por uma fita preta constituía o seu único ornamento.
>
> (Bernardo Guimarães, *A escrava Isaura*)

A descrição, além de focalizar as características físicas e exteriores de uma pessoa, pode também desenvolver uma visão subjetiva e observar o interior dela. Nesse caso, temos a descrição chamada psicológica.

> Entregara-se, corpo e alma, à sedução da linda rapariga que lhe ocupara o coração. A sua natureza ardente e apaixonada, extremamente sensual, mal contida até então pela disciplina do seminário e pelo ascetismo que lhe dera a crença na sua predestinação, quisera saciar-se do gozo por muito tempo desejado e sempre impelido (...) se o seu cérebro não fosse dominado por instintos egoísticos, que a privação dos prazeres açulava e que uma educação superficial não soubera sobrepujar.
>
> (Inglês de Souza, *O missionário*)

Pode-se descrever também animais, objetos, ambientes internos, paisagens, assim como cenas.

A descrição de cena é movimentada porque apresenta movimentos progressivos no tempo, ou seja, a descrição de cena apresenta aspectos sucessivos do mesmo fato, conforme você lê no exemplo:

O Cururu

Tudo quieto, o primeiro cururu surgiu na margem, molhado, reluzente na semi-escuridão. Engoliu um mosquito; baixou a cabeçorra. Tragou; um cascudinho; mergulhou de novo, e bum-bum! Soou uma nota soturna do concerto interrompido. Em poucos instantes, o barreiro ficou sonoro, como um convento de frades. Vozes roucas, foi-não-foi, tas-tãs, bum-buns, choros, esgoelamentos finos de rãs, acompanhamentos profundos de sapos, respondiam-se.

Os bichos apareciam, mergulhavam, arrastavam-se nas margens, abriam grandes círculos na flor d'água. (...) Daí a pouco, da bruta escuridão, surgiram dois olhos luminosos, fosforescentes como dois vagalumes. Um sapo cururu grelou-os e ficou deslumbrado, com os olhos esbugalhados, presos naquela boniteza luminosa. Os dois olhos fosforescentes se aproximavam mais e mais, como dois holofotes na cabeça triangular da serpente. O sapo não se movia, fascinado. Sem dúvida queria fugir; previa o perigo, porque emudecera; mas já não podia andar, imobilizado; os olhos feíssimos, agarrados aos olhos luminosos e bonitos como um pecado. Num bote a cabeça triangular abocanhou a boca imunda do batráquio. Ele não podia fugir àquele beijo. A boca fina do réptil arreganhou-se desmesuradamente; envolveu o sapo até os olhos. Ele se baixava dócil entregando-se à morte tentadora, apenas agitando docemente as patas sem provocar nenhuma reação ao sacrifício. A barriga disforme e negra desapareceu na goela dilatada da cobra. E, num minuto, as perninhas do cururu já se foram, ainda vivas, para as entranhas famélicas. O coro imenso continuava sem dar fé do que acontecia a um dos seus cantores.

(Jorge de Lima, *Calunga*)

A descrição pode ser técnica e nesse caso aparece nos manuais de instrução e uso de aparelhos ou mecanismos. Ela tem como característica principal a objetividade e, em geral, se faz acompanhar por imagens, figuras e esquemas.

EXERCÍCIOS

1. Leia o poema "Retrato" de Cecília Meireles:

Retrato

Eu não tinha este rosto de hoje,
assim calmo, assim triste, assim magro,
nem estes olhos tão vazios,
nem o lábio amargo.

Eu não tinha estas mãos sem força,
tão paradas e frias e mortas;
eu não tinha este coração
que nem se mostra.

Eu não dei por esta mudança,
tão simples, tão certa, tão fácil:
– Em que espelho ficou perdida
a minha face?

   a) Indique quais foram os elementos que a poeta escolheu para fazer sua descrição.
   b) Esclareça por que é possível afirmar que o retrato da autora, apesar de realçar traços físicos (olhos, rosto, mãos), pode ser considerado psicológico.
2. Faça um auto-retrato que revele seu mundo interior.

3. Com base nas seguintes frases, faça descrições:
   a) O caminhão das frutas estacionou na esquina, defronte a casa. Como ele era? Quais frutas vendia? Como era a esquina?
   b) A platéia delirou quando o palhaço se pôs a dançar no centro do picadeiro. Como era o palhaço? O circo? A platéia?
   c) A noiva chegou à suntuosa porta da igreja, trazida pelo pai. Como era a noiva? O pai? A igreja?
4. Identifique a organização do texto descritivo que se segue:

Uma Casa Que Faz Tudo Sozinha

Parece coisa de desenho animado. Ou coisa de ficção. Mas isso pode acontecer em sua casa: de repente torradeiras e liquidificadores preparam sozinhos o café da manhã; a televisão liga automaticamente no horário e canal de seu programa preferido; e alarmes, com sensores, registram movimentos e presenças estranhas. No escritório, o ar-condicionado liga antes de você chegar e deixa a temperatura ambiente perfeita. Na ducha a água está sempre como você gosta. E muito, muito mais. A Sistron, empresa paulista, traz dos Estados Unidos essas novidades para o Brasil. São módulos eletrônicos que funcionam apenas ligados à tomada, sem necessidade de fiações complicadas e caras. Trata-se de inovação tecnológica tornando a vida mais confortável em todos os domínios da habitação.

(Revista *Arquitetura e Decoração*, nº 40, 2000)

5. Faça um texto descritivo de uma casa futurista. Empregue a organização estudada: introdução, desenvolvimento e conclusão.
6. Redija um parágrafo descritivo apresentando um edifício "alto padrão" (localização, como são os apartamentos, instalações, diferenciais etc.).
7. Veja os modelos a seguir e prepare uma curta descrição para os seguintes instrumentos: piano, violão, harpa e cuíca:

Atabaques: família de tambores de origem africana usados no Brasil em manifestações folclóricas na Bahia, no Rio de Janeiro e em São Paulo. O surdo é o menor tambor da família, e o maior deles é o caxambu.

Agogô: instrumento folclórico afro-brasileiro com duas campânulas (objeto em forma de sino) de ferro percutidas com vareta de metal. As campânulas diferem uma da outra em tamanho e sonoridade. É usado na capoeira e no candomblé.

Berimbau: é um arco de madeira esticado por um fio de arame. Tem na extremidade inferior uma cabaça arredondada, que é sua caixa de ressonância. É preciso percutir (bater) no fio com uma varinha ou com a mão.

Flauta: para tirar som da flauta doce, é preciso assoprar um tipo de apito (bisel) e, ao mesmo tempo, cobrir ou descobrir os orifícios (buracos) no tubo. Há ainda o flautim e a flauta transversal.

Ganzá: espécie de chocalho usado para marcar o ritmo nas congadas, no coco e em outras manifestações folclóricas. Na Bahia, é a denominação que se dá ao reco-reco. É também chamado de raspador e caracaxá.

Pandeiro: instrumento de percussão constituído de um arco. O pandeiro é percutido com os dedos e sacudido para obter o som de guizos proveniente dos discos de metal.

Triângulo: vareta de aço dobrada em forma de triângulo, usualmente com pequena abertura em um dos vértices. É percutido com uma baqueta de metal e produz um som tilintante de altura indefinida.

Xilofone: instrumento de percussão composto de duas filas de barras de madeira, dispostas uma ao lado da outra. Cada barra está suspensa sobre um ressonador tubular de metal. As barras são percutidas com vários tipos de baqueta.

8. Você deseja vender uma motocicleta. Redija um pequeno texto, que será usado como anúncio classificado num jornal, descrevendo-a.

Instrução 3.b. Narração

Estrutura

O texto narrativo apresenta uma organização constituída das seguintes partes:

1. Uma introdução – em que é criada uma expectativa para a personagem, isto é, ela projeta o desenvolvimento de determinadas ações a fim de alcançar um certo objetivo.

2. Um desenvolvimento – em que a expectativa da personagem é quebrada, apresentando para ela um conflito, por ver seu plano ser prejudicado e suas ações interrompidas. Mesmo assim, ela não desanima e procura formas de solucionar, de contornar o problema e projeta ações a fim de resolvê-lo. Dependendo do tipo de ações planejadas e da complexidade do problema surgido, a personagem consegue ou não solucionar o conflito.

3. Uma conclusão – em que é apresentado o resultado obtido pela personagem: se ela conseguiu solucionar o conflito, obteve êxito, e o resultado aponta o seu sucesso; se não conseguiu, o resultado apresenta o seu fracasso.

Vejamos a fábula que se segue, de Monteiro Lobato:

O Ratinho, O Gato e o Galo

Introdução	Certa manhã um ratinho saiu do buraco pela primeira vez. Queria conhecer o mundo e travar relações com tanta coisa bonita de que falavam seus amigos. Admirou a luz do sol, o verdor das árvores, a correnteza dos ribeirões, a habitação dos homens. E acabou penetrando no Quintal duma casa da roça. – Sim senhor! É interessante isto! Examinou tudo minuciosamente, farejou a tulha de milho e a estrebaria. Em seguida notou no terreiro um certo animal

	de belo pêlo que dormia sossegado ao sol. Aproximou-se dele e farejou-o sem receio nenhum.
Desenvolvimento	Nisto aparece um galo, que bate as asas e canta. O ratinho por um triz que não morreu de susto. Arrepiou-se todo e disparou como um raio para a toca. Lá contou à mamãe as aventuras do passeio. – Observei muita coisa interessante – disse ele, mas nada me impressionou tanto como dois animais que vi no Terreiro. Um, de pêlo macio e ar bondoso, seduziu-me logo. Devia ser um desses bons amigos da gente, e lamentei que estivesse a dormir, impedindo-me assim de cumprimentá-lo. O outro...Ai, que ainda me bate o coração! O outro era um bicho feroz, de penas amarelas, bico pontudo, crista vermelha e aspecto ameaçador. Bateu as asas barulhentamente, abriu o bico e soltou um có-ri-có-có tamanho que quase caí de costas. Fugi. Fugi com quantas pernas tinha, percebendo que devia ser o famoso gato que tamanha destruição faz no nosso povo.
Conclusão	A mamãe rata assustou-se e disse: – Como te enganas, meu filho! O bicho de pêlo macio e ar bondoso é que é o terrível gato. O outro, barulhento e espaventado, de olhar feroz e crista rubra, o outro, filhinho, é o galo, uma ave que nunca nos fez mal nenhum. As aparências enganam. Aproveita, pois, a lição e fica sabendo que: Quem vê cara não vê coração.

O ratinho estabeleceu para si um objetivo: conhecer o mundo e travar relações; o conflito surge quando o galo canta e o assusta. Para solucionar o problema, volta para a toca e conta à mãe os conhecimentos adquiridos. A mãe explica a ele o engano que cometeu por seu julgamento e lhe dá uma lição de vida.

Em suma: para se ter uma narrativa, é necessário que haja um conflito, por ser sua característica principal.

Características

Narração é o relato de fatos ordenados em seqüência lógica. Numa narração sempre há indivíduos que agem (personagens) e alguém que narra (narrador). A narração se circunscreve num determinado espaço e período de tempo e pode apresentar fatos reais ou fictícios.

Diz-se que a narração é ficcional, quando ela desenvolve acontecimentos que não têm vínculo com a realidade. Nesse caso ela é dita verossímil, pois se apresenta como se fosse verdadeira, guardando uma indispensável coerência interna, ou lógica no texto.

A narração factual é aquela que apresenta acontecimentos verdadeiros, que podem ser acompanhados na sua ligação com a realidade.

Observe:

No Plano de Negócios

Os funcionários da ALCOA estão competindo entre si. Calma, não se trata de um processo de autofagia na subsidiária brasileira da maior produtora de alumínio do mundo. A concorrência é do bem: eles correm para completar 50 horas de voluntariado fora do horário de trabalho numa instituição sem fins lucrativos. Quem consegue leva um cheque de 250 dólares para uma entidade de sua escolha. Batizado de Bravo!, o programa foi lançado neste ano pela Alcoa Foundation entre os 129 000 funcionários nos 35 países em que atua para estimular o trabalho voluntário.

No Brasil, 460 profissionais se engajaram na iniciativa – 58 já conseguiram ultrapassar as 50 horas, ajudando 24 instituições. Carlos Bonazzi Júnior, gerente de controladoria e sistemas da companhia em poços de Caldas, no interior de Minas Gerais, é um dos que saíram na frente. Acumulou 100 horas trabalhando noites e fins de semana na Apae, no apoio a 570 alunos.

(Revista *Exame*, Guia de boa cidadania corporativa, dez. 2002)

O texto reproduzido é factual, ou seja, trata de fatos verdadeiros, que realmente aconteceram.

Leia agora o exemplo de um texto ficcional, em que a narrativa não tem vínculos específicos com a realidade:

Faz dois anos que Madalena morreu, dois anos difíceis. E quando os amigos deixaram de vir discutir política, isto se tornou insuportável.

Foi aí que me surgiu a idéia esquisita de, com o auxílio de pessoas mais entendidas que eu, compor esta história. A idéia gorou, o que já declarei. Há cerca de quatro meses, porém, enquanto escrevia a certo sujeito de Minas, recusando um negócio confuso de porcos e gado zebu, ouvi um grito de coruja e sobressaltei-me.

Era necessário mandar no dia seguinte Marciano ao forro da igreja.

De repente voltou-me a idéia de construir o livro. Assinei a carta ao homem dos porcos e, depois de vacilar um instante, porque nem sabia começar a tarefa, redigi um capítulo.

Desde então procuro descascar fatos, aqui sentado à mesa da sala de jantar, fumando cachimbo e bebendo café, à hora em que os grilos cantam e a folhagem das laranjeiras se tinge de preto.

Às vezes entro pela noite, passo tempo sem fim acordando lembranças. Outras vezes não me ajeito com esta ocupação nova.

Anteontem e ontem, por exemplo, foram dias perdidos. Tentei debalde canalizar para termo razoável esta prosa que se derrama como a chuva da serra, e o que apareceu foi um grande desgosto. Desgosto e a vaga compreensão de muitas coisas que sinto.

> Sou um homem arrasado. Doença? Não. Gozo perfeita saúde. Quando o Costa Brito, por causa de duzentos mil-réis que me queria abafar, vomitou os dois artigos, chamou-me doente, aludindo a crimes que me imputam. O Brito da *Gazeta* era uma besta. Até hoje, graças a Deus, nunca um médico que entrou em casa. Não tenho doença nenhuma.
>
> O que estou é velho. Cinqüenta anos pelo S. Pedro. Cinqüenta anos perdidos, cinqüenta anos gastos sem objetivo, a maltratar-me e a maltratar os outros. O resultado é que endureci, calejei, e não é um arranhão que penetra essa casca espessa e vem ferir cá dentro a sensibilidade embotada.
>
> (Graciliano Ramos, ***São Bernardo***)

Quando se compõe um texto narrativo, é preciso decidir se o narrador vai fazer parte da história (como no segundo exemplo) e, assim, atuar como personagem, ou se vai estar fora, contando o que acontece (como no primeiro exemplo).

O narrador que faz parte da história é chamado de narrador em primeira pessoa, porque ele fala em seu próprio nome e exprime seu ponto de vista.

Quando o narrador não faz parte da história, ele é chamado de narrador em terceira pessoa: tudo sabe, tudo vê e tudo decide.

A narração se faz presente na maior parte dos discursos do homem: nas histórias, biografias, reportagens, novelas, romances, contos, piadas, entrevistas, peças publicitárias e até letras de música, como você vê no exemplo:

Construção

Amou daquela vez como se fosse a última
Beijou sua mulher como se fosse a última
E cada filho seu como se fosse o único
E atravessou a rua com seu passo tímido
Subiu a construção como se fosse máquina
Ergueu no patamar quatro paredes sólidas
Tijolo com tijolo num desenho mágico
Seus olhos embotados de cimento e lágrima
Sentou pra descansar como se fosse sábado
Comeu feijão com arroz como se fosse um príncipe
Bebeu e soluçou como se fosse um náufrago
Dançou e gargalhou como se ouvisse música
E tropeçou no céu como se fosse um bêbado
E flutuou no ar como se fosse um pássaro
E se acabou no chão feito um pacote flácido
Agonizou no meio do passeio público
Morreu na contramão atrapalhando o tráfego

Amou daquela vez como se fosse o último
Beijou sua mulher como se fosse a única
E cada filho seu como se fosse o pródigo
E atravessou a rua com seu passo bêbado
Subiu a construção como se fosse sólido
Ergueu no patamar quatro paredes mágicas
Tijolo com tijolo num desenho lógico
Seus olhos embotados de cimento e tráfego
Sentou pra descansar como se fosse um príncipe
Comeu feijão com arroz como se fosse máquina
Dançou e gargalhou como se fosse o próximo
E tropeçou no céu como se ouvisse música
E flutuou no ar como se fosse sábado

> E se acabou no chão feito um pacote tímido
> Agonizou no meio do passeio náufrago
> Morreu na contramão atrapalhando o público
>
> Amou daquela vez como se fosse máquina
> Beijou sua mulher como se fosse lógico
> Ergueu no patamar quatro paredes flácidas
> Sentou pra descansar como se fosse um pássaro
> E flutuou no ar como se fosse um príncipe
> E se acabou no chão feito um pacote bêbado
> Morreu na contramão atrapalhando o sábado
>
> (Chico Buarque)

Exercícios

1. Identifique a organização do texto que se segue:

O Cão e o Osso

Um cão de reputação duvidosa voltava um dia para casa, todo cheio de si, quando por acaso passou diante de um açougue. Ao ver uma pilha de ossos saborosos em cima do balcão, o cão, guloso, surripiou um e saiu correndo.

Mais adiante, seguindo o seu caminho, atravessou um rio. Estava no meio da ponte, quando deu com o próprio reflexo na água, lá embaixo. Pensando que se tratasse de outro cão, com outro osso igualmente saboroso na boca, resolveu assumir o controle da situação.

Rosnou e latiu para o cão na água, escancarando a bocarra para exibir as presas aguçadas e com isso assustar o inimigo. Imediatamente o osso lhe caiu da boca e foi pousar no fundo do rio, perdendo-se para sempre.

Contente-se com o que você tem.

(Fábula de Esopo)

2. A organização da narrativa literária abaixo foi alterada. Reorganize-a, identificando suas partes constituintes.

Tragédia Brasileira

Conheceu Maria Elvira na Lapa, – prostituída, com sífilis, dermite nos dedos, uma aliança empenhada e os dentes em petição de miséria.

Misael não queria escândalo. Podia dar uma surra, um tiro, uma facada. Não fez nada disso: mudou de casa.

Misael tirou Maria Elvira da vida, instalou-a num sobrado no Estácio, pagou médico, dentista, manicura... Dava tudo quanto ela queria.

Misael, funcionário da Fazenda, com 63 anos de idade.

Os amantes moraram no Estácio, Rocha, Catete, Rua General Pedra, Olaria, Ramos, Bonsucesso, Vila Isabel, Rua Marquês de Sapucaí, Niterói, Rua Clapp, outra vez no Estácio, Todos os Santos, Catumbi, Lavradio, Boca do Mato, Inválidos...

Por fim na Rua da Constituição, onde Misael, privado de sentidos e de inteligência, matou-a com seis tiros, e a polícia foi encontrá-la caída em decúbito dorsal, vestida de organdi azul.

Quando Maria Elvira se apanhou de boca bonita, arranjou logo um namorado.

Toda vez que Maria Elvira arranjava namorado, Misael mudava de casa.

Viveram três anos assim.

(Manuel Bandeira)

3. Crie uma história para a seguinte conclusão

(...)

Outro aniversário como esse, Marisa sabe que nunca mais terá. Afinal, não é sempre que se completa 80 anos.

4. Desenvolva uma história, com base na introdução:

   A chuva caía com insistência e a mãe de Pedro avisou que ele não poderia sair debaixo daquele temporal.

5. A banca de jornais que fica defronte à janela do seu quarto foi assaltada e você viu tudo. Elabore o relato do que você presenciou.

6. Crie um conflito e escreva um texto narrativo.

7. Narre um fato que você recorda de sua infância.

8. Pesquise, identifique e copie uma letra de música que apresente forte aspecto narrativo.

INSTRUÇÃO 3.c. DISSERTAÇÃO

Estrutura

O texto dissertativo apresenta uma organização constituída das seguintes partes:

1. Uma introdução – em que é apresentado um fato, uma idéia, um problema, um conceito etc.

2. Um desenvolvimento – em que, ante o que foi apresentado na introdução, uma opinião é formulada.

   Para dar consistência à opinião que foi emitida, algumas justificativas podem ser apresentadas, sob a forma de argumentos.

3. Uma conclusão – em que, geralmente, é feita uma proposta, apresentada uma linha de ação ou uma solução etc.

Vejamos o texto a seguir:

Jeitinho

Introdução	De jeitinho em jeitinho, o Brasil está numa situação que a gente fica até sem jeito de falar.
Desenvolvimento	E o que mais preocupa é que esse "jeitinho" é cada vez mais tido como uma virtude, quando na verdade é um defeito. Um defeito grave que está levando nosso país cada vez mais para o fundo.
Conclusão	Vamos ser um país sem jeitinho. Quem sabe aí a coisa comece a tomar jeito.

Na introdução, é apresentado um jeito de ser do brasileiro, enfocado como um problema.

No desenvolvimento, é formulada uma opinião sobre o "jeitinho" brasileiro de ser, visto como um defeito.

Na conclusão, é apresentada uma proposta de mudança.

Em suma: Para se ter um texto dissertativo é necessário que haja uma opinião formulada.

Características

Texto dissertativo é aquele que expõe, discute ou interpreta idéias e, por ser um condutor de idéias, ele pode ser considerado abstrato, diferentemente dos textos descritivos e narrativos que, por abordarem seres e fatos reais, são tomados como concretos.

Tanto as dissertações quanto as narrações dividem seu foco entre a verdade e a verossimilhança. Assim, um texto narrativo pode ser factual, abordando fatos reais e, por isso, verdadeiro; como pode ser ficcional, ou seja, narra acontecimentos imaginados, e é considerado verossímil, porque apresenta uma lógica interna que garante a sua inteligibilidade. Por exemplo:

uma reportagem, uma biografia, são factuais e verdadeiras; enquanto um conto de ficção, uma piada são ficcionais e, portanto, verossímeis.

Os mesmos conceitos podem ser considerados quanto à elaboração dos textos descritivos, pois, da mesma forma, é possível descrever elementos factuais: um menino, um cavalo, uma determinada paisagem, que são verdadeiros; como também elementos ficcionais: um duende, um unicórnio, a Terra do Nunca, que são verossímeis.

Em razão do foco da dissertação ser a exposição ou discussão de idéias, não ocorre nesse tipo de composição a oposição verdade x verossimilhança, mas, sim, a oposição verdadeiro x falso. A dissertação, na medida em que tem forte tendência argumentativa, envolve uma lógica que depende da verdade e cuja ausência compromete o texto como um todo.

A dissertação é o tipo de composição textual que apresenta sua melhor expressão na forma escrita, embora em nosso cotidiano o gênero seja usado oralmente nas reflexões e explicações lógicas.

Os textos dissertativos apresentam tendências para uma maior ou menor objetividade. A dissertação com maior pendor objetivo é aquela em que a posição do autor é impessoal e expressa valores científicos, teóricos ou técnicos. O objetivo principal é instruir, esclarecer, discutir.

Exemplo:

> Tanto quanto se pode afirmar, a caça como modo de vida estabeleceu-se a pelo menos 3 milhões de anos atrás. Numa estimativa conservadora, este tipo de nível de subsistência e a correlata organização social foram características dos hominídeos durante, pelo menos, 20% do tempo desde que se tornaram separados dos símios, e esta estimativa pode ser muito baixa por um fator de pelo menos 2. Os grupos humanos foram agricultores durante menos de 1% do tempo desde que a caça tornou-se adaptação comportamental básica hominídea. Foi o modo de vida baseado na caça que moldou realmente o homem à medida em que provocou o aparecimento de um bípede de cérebro desenvolvido,

carnívoro cooperador e fabricante de instrumentos e, talvez mais importante ainda, uma criatura com dotes lingüísticos.

(David Pilbeam, *A ascendência do homem*)

A dissertação subjetiva apresenta a opinião pessoal do autor sobre um tema proposto. Não se trata de um trabalho de caráter científico, mas, sim, de um conjunto de opiniões pessoais sobre um tema.

Exemplo:

Livros sobre a felicidade se multiplicam na contemporaneidade. Isso se deve à presença nesta de um mal-estar crescente, devido às incertezas que desfazem expectativas estabelecidas há dois séculos. A ideologia da felicidade enunciada pelo Iluminismo, criticada por Freud no *Mal-estar na civilização*, perdeu consistência, mas se reapresenta para o grande público. Os livros de auto-ajuda aqui se salientam, ao lado das obras de divulgação teórica.

A dissertação, seja ela objetiva ou não, é sempre uma operação mental que se caracteriza pela reflexão, pelo uso de um vocabulário próprio, e exige preparo intelectual e bom domínio do idioma.

Embora não seja muito comum, podemos distinguir a dissertação em expositiva e argumentativa:

- Expositiva: consiste na apresentação e discussão de uma idéia, de um assunto ou de uma doutrina, de forma ordenada. O processo é apenas demonstrativo, sem o objetivo de engajamento ou convencimento do receptor da mensagem. A linguagem é reflexiva, predominantemente objetiva, embora não necessariamente argumentativa.

Exemplo:

> As duas transformações comportamentais realmente impressionantes aconteceram muito depois do tamanho do cérebro humano moderno ter evoluído. Ambas estão exclusivamente associadas ao *Homo sapiens sapiens*. A primeira foi uma explosão cultural entre sessenta mil e trinta mil anos atrás e inclui as primeiras manifestações artísticas, o aparecimento de uma tecnologia complexa e da religião. A segunda foi o início das atividades agrícolas, quando, pela primeira vez, comunidades humanas começaram a cultivar plantas e domesticar animais.
>
> (Steven Mithen, *A pré-história da mente*)

- Argumentativa: caracteriza-se por implicar o debate, a discussão de uma idéia, assunto ou doutrina, com o objetivo de influenciar, persuadir, conquistar a adesão do receptor da mensagem. Trata-se, pois, de uma exposição acompanhada de argumentos, técnicas e provas de convencimento.

Exemplo:

> A maior invenção dos últimos 2000 anos? Meu candidato seria o conceito de informação – a informação como um produto que se compra e vende. Pode-se dizer que é uma invenção antiga, mas suas enormes conseqüências tiveram de esperar pela aceleração das tecnologias transportadoras de informação, como o telégrafo e a internet. Só agora presenciamos o impacto cumulativo, quando a compra e venda de informação começa a pesar mais que a compra e venda de coisas materiais.
>
> (David Berreby, *As maiores invenções dos últimos 2000 anos*)

O texto dissertativo, lógico e coerente, apresenta na introdução a idéia principal a ser focalizada, para que o receptor perceba de imediato o que vai ser discutido e se o assunto é de seu interesse. A seguir, essa primeira proposta vai ser desenvolvida pelo autor quando expõe os elementos que vão fundamentar, particularizar e discutir a idéia principal que, em geral, é de grande abrangência.

Para o desenvolvimento, o autor poderá fazer uso de diversos tipos de expansão: explicitar a idéia proposta, apontar suas causas e conseqüências, contrastar com outras idéias, enumerar fatos e exemplificá-los, buscando com essa organização esclarecer e unificar os argumentos.

Na conclusão é retomada a idéia principal, que então irá aparecer de forma muito mais convincente, porque fundamentada durante o desenvolvimento da dissertação.

EXERCÍCIOS

1. Identifique a organização dos textos dissertativos que se seguem:

   Texto a)

   Inverso

   Brasil,

   país do futuro,

   me ensinaram em criança.

   E agora eu ensino:

   quem espera, nunca alcança.

   (Millôr Fernandes)

   Texto b)

   O humor, numa concepção mais exigente, não é apenas a arte de fazer rir. Isso é comicidade, ou qualquer outro nome que se escolha. Na verdade, humor é uma análise crítica do homem e da vida. Uma análise não obrigatoriamente comprometida com o riso, uma análise desmistificadora, reveladora, cáustica.

Humor é uma forma de tirar a roupa da mentira, e o seu êxito está na alegria que ele provoca pela descoberta inesperada da verdade.

(Ziraldo)

Texto c)

Para compreender a violência nas suas verdadeiras dimensões, é importante não reduzi-la à criminalidade. Violência, com efeito, é tudo o que fere ou esmaga a dignidade de qualquer pessoa humana. Violência são todas as formas de violação do corpo, da consciência e da vida; todas as formas de violação dos direitos humanos.

(Texto da Campanha da Fraternidade)

2. Complete os textos:

a) Leia o parágrafo inicial e redija um parágrafo intermediário e um final:

A natureza produz fenômenos inesperados, como ocorreu com o Tsunami que, em dezembro de 2004, chegou a abalar a rotação do planeta.

b) Elabore o início e o desenvolvimento para a seguinte conclusão:

Portanto, o futebol é um fator de identidade nacional sendo, com o carnaval, uma representação da mentalidade brasileira.

c) Escreva o início e a conclusão do texto. O desenvolvimento é o seguinte:

O modismo domina a TV no Brasil. Quando um programa inventa uma brincadeira de mau gosto, mas que atraia grande audiência, logo outros do mesmo gênero serão criados, pois não importa a qualidade, mas sim o Ibope.

d) Escreva um texto que aceite a seguinte conclusão:

O que temos agora é um sistema político baseado nos homens e não nas leis, pois os homens fazem as leis que melhor atenderem a seus objetivos partidários e a seus grupos de interesse e, especialmente, a seus anseios de manutenção de poder.

e) Escreva o desenvolvimento e a conclusão para a seguinte introdução:

À medida que os ambientes naturais da Terra vão desaparecendo e outros, artificiais, vão sendo criados, o homem depara com questões que antes não formulava: o que é natural? O que é artificial?

3. Elabore dissertações com base nos seguintes temas:
   a) O jornal serve para informar e para embrulhar
   b) A educação é o grande fator de transformação social
   c) A sustentabilidade ecológica é fundamental para garantir condições de dignidade para as gerações futuras
   d) O computador: poderoso meio de comunicação e aprimoramento das habilidades humanas?

INSTRUÇÃO 4 – APLICAÇÃO DAS DIFERENTES FORMAS DE COMPOSIÇÃO DO TEXTO

Dificilmente um texto apresenta apenas descrições, narrações ou dissertações puras, mesmo que uma destas formas se mostre dominante.

De acordo com os objetivos da comunicação, em qualquer redação haverá preponderância de uma forma de comunicação específica, que dependerá da proposta de tratamento do assunto.

O texto seguinte apresenta tanto narração, quanto descrição, como é possível perceber:

Os Desastres de Sofia

Qualquer que tivesse sido o seu trabalho anterior, ele o abandonara, mudara de profissão e passara pesadamente a ensinar no curso primário: era tudo o que sabíamos dele.

O professor era gordo, grande e silencioso, de ombros contraídos. Em vez de nó na garganta tinha ombros contraídos. Usava paletó curto demais, óculos sem aro, com um fio de ouro encimando o nariz grosso e romano. E eu era atraída por ele. Não amor, mas atraída pelo seu silêncio e pela controlada impaciência que ele tinha em nos ensinar e que, ofendida, eu adivinhara. Passei a me comportar mal na sala. Falava muito alto, mexia com os colegas, interrompia a lição com piadinhas, até que ele dizia, vermelho:

– Cale-se ou expulso senhora da sala.

Ferida, triunfante, eu respondia em desafio: pode me mandar! Ele não mandava, senão estaria me obedecendo. Mas eu o exasperava tanto que se tornara doloroso para mim ser o objeto do ódio daquele homem que de certo modo eu amava. Não o amava como a mulher que eu seria um dia, amava-o como uma criança que tenta desastradamente proteger um adulto, com a cólera de quem ainda não foi covarde e vê um homem forte de ombros tão curvos.

(Clarice Lispector, *A legião estrangeira*)

Observe que o texto pretende narrar, como fica bem claro, o desafio que a aluna impõe ao professor, até que ele se irrite e deixe transparecer aquilo que ela crê ser ódio. No entanto, ao lado da narração, o texto apresenta um forte pendor descritivo, que focaliza desde a aparência dos envolvidos ("o professor era gordo..."), até seu estado afetivo ("não o amava como a mulher que eu seria um dia, amava-o como...").

O texto em questão seria destituído de sua capacidade de envolver se não houvesse descrição. Assim, muitas vezes, ela é o tempero do texto, que lhe fornece calor, brilho e autenticidade. A presença da descrição na forma narrativa dá consistência e clareza ao texto.

Nas composições dissertativas, que são abstratas porque trabalham idéias e argumentos, o aparecimento das formas narrativas e descritivas concorre para dar concretude à discussão:

O Direito À Moradia

A casa é uma necessidade fundamental dos seres humanos. Desde os tempos mais remotos de que se tem notícia, até os dias atuais, sempre o homem procurou um lugar para morar, podendo ser uma caverna, uma cabana, uma mansão, de acordo com a época, o local e as possibilidades de cada um. Trata-se de uma necessidade, não de um luxo.

Em casa o homem encontra seu abrigo, tanto para se defender dos rigores da natureza, quanto para se defender das pressões da vida social. Ali os seres humanos preparam os alimentos, enfrentam o frio e a chuva, armazenam água, outro bem fundamental para a vida.

São muitas as pessoas pobres que, como seu Pedro, por não terem as condições mínimas para construírem uma casa, buscam materiais diversos para erguerem um teto. Pedro percorreu a cidade por vários dias, encontrando material descartado. Seu desejo de proteção fez com que construísse um barraco ao lado da linha do trem. Com madeira de velhos caixotes ergueu paredes, com lona e plástico improvisou o telhado, papelão foi aproveitado como porta.

Nesse texto, a referência ao problema geral foi melhor esclarecida pela referência à história de Pedro, dando uma noção mais concreta das idéias discutidas. O uso da narração e descrição em composições dissertativas favorece a inteligibilidade e a argumentação, porque torna as noções mais palpáveis.

Exercícios

1. Analise o texto seguinte, esclarecendo as formas de composição:

Apelo

Amanhã faz um mês que a Senhora está longe de casa. Primeiros dias, para dizer a verdade, não senti falta, bom chegar tarde, esquecido na conversa da esquina. Não foi ausência por uma semana: o batom ainda no lenço, o prato na mesa por engano, a imagem de relance no espelho.

Com os dias, Senhora, o leite primeira vez coalhou. A notícia de sua perda veio aos poucos: a pilha de jornais ali no chão, ninguém os guardou debaixo da escada. Toda a casa era um corredor deserto, e até o canário ficou mudo. Para não dar parte de fraco, ah, Senhora, fui beber com amigos. Uma hora da noite eles se iam e eu ficava só, sem o perdão de sua presença a todas as aflições do dia, como a última luz na varanda.

E comecei a sentir falta das pequenas brigas por causa do tempero da salada – meu jeito de querer bem. Acaso é saudade, Senhora? Às suas violetas, na janela, não lhes poupei água e elas murcham. Não tenho botão na camisa, calço a meia furada. Que fim levou o saca-rolhas? Nenhum de nós sabe, sem a Senhora, conversar com os outros: bocas raivosas mastigando. Venha para casa, Senhora, por favor.

(Dalton Trevisan, *Apelo*)

2. Analise o texto seguinte, de acordo com sua unidade, completude e tipo de composição:

Tempero Milenar

Embora a soja seja cultivada na China há pelo menos 3500 anos, o *shoyu* é uma invenção bem mais recente. Surgiu entre 1134 a.C. e 246 a.C., durante a dinastia Zhou, e, provavelmente, por acaso. Os mofos *Aspergillus oryzae* e o *Aspergullus soyae*, bastante comuns, são os principais agentes da produção de molho de soja.

O ancestral do *shoyu* era uma pasta sólida, chamada *sho* ou *mesho*, e só no ano de 710 d.C. foi introduzido na província de Nara, que no século IV passou a integrar o Japão, já unificado.

A região estava sob forte influência da China e havia adotado alguns de seus mandamentos, entre eles o de que todas as províncias deveriam suprir a capital com os melhores alimentos que produzissem. Para que os alimentos não se deteriorassem durante o transporte, deveriam ser conservados com molho de soja.

O Japão preparou a receita chinesa até o século XV, quando desenvolveu seu próprio molho *shoyu*. A pasta sólida deu origem a dois produtos, o líquido *shoyu* e o sólido *miso*. No final do século XVI, o condimento passou a ser produzido em larga escala e comercializado. Sua fórmula foi diversas vezes aprimorada e passou a ser feito com grãos de soja combinados aos de trigo, milho ou feijão, água e sal.

Quem imagina que o molho de soja chegou ao Ocidente recentemente engana-se. No século XVIII, os holandeses descobriram os encantos do molho escuro e os levaram para a Europa, chamando-o de *soy*. Este condimento secreto era servido nos banquetes da corte francesa de Luís XIV e fascinava os comensais.

Apesar do seu alto custo, o molho era levado para a Europa em garrafas de prata, e acabou se tornando popular entre a nobreza.

Existem duas versões de *shoyu*: o claro, cor de âmbar e bastante salgado, é típico da região de Osaka, e o escuro é considerado padrão, mais facilmente encontrado tanto no Japão como no exterior. O principal segredo do molho consiste na fermentação especial, processo que leva, no mínimo, seis meses e passa por diferentes etapas. O resultado final é um tempero maravilhoso e muito saudável, acompanhamento ideal para os característicos *sushis* da gastronomia japonesa.

a) Unidade – o assunto focalizado é:
b) Completude –
   introdução:

desenvolvimento:

conclusão:

c) Composição –

elementos narrativos:

elementos descritivos:

elementos dissertativos:

3. Indique as formas de composição do seguinte texto:

Robô

É um aparelho que realiza certas tarefas automaticamente, sem necessitar de uma pessoa para operá-lo. A palavra começou a ser utilizada após a apresentação da peça RUR do dramaturgo tcheco Karel Capek. As iniciais que constituíam o título da peça eram uma abreviatura de Robôs Universais de Rossum. Nesta peça, o robô era um homem mecânico. O termo robô tem sido aplicado a qualquer dispositivo que pareça agir como um homem mecânico.

(Enciclopédia Delta)

4. Com base no tema "A importância da empresa no mundo contemporâneo", elabore um texto que apresente formas de composição narrativas. Não se esqueça de dar um título ao seu trabalho.

5. Elabore um texto dissertativo e insira nele composições descritiva e narrativa. Discuta o seguinte problema: "Os blogs e a revolução na comunicação".

Instrução 5 – Denotação e Conotação: O Sentido das Palavras

Um grande número de palavras de uma língua tem a característica de apresentar vários sentidos, ou seja, muitas palavras são polissêmicas.

A polissemia é a condição que as palavras têm de apresentar uma significação estável e inúmeros sentidos, que dependem do contexto.

O exemplo clássico de polissemia é a palavra "cabeça", que é considerada por diversos autores como uma "constelação polissêmica".

Em sua definição mais estável, cabeça corresponde a "parte superior de um corpo", como ocorre em: "Quando despencou da árvore, João bateu a cabeça", ou em: "Alfinete é uma agulha com cabeça".

"Cabeça", porém, não se restringe apenas a esse uso. Temos, então, a cabeça:

- por memória: "Mariana sabe os versos de cabeça";
- por juízo: "Camila é uma jovem sem cabeça";
- por articulador: "Camargo é o cabeça da passeata".

Em todos esses casos, a palavra cabeça afastou-se de sua definição primeira, que é chamada de grau zero de significação, ou palavra em estado de dicionário; sofrendo mudança de sentido, a cada novo contexto apresentado.

Vejamos mais um exemplo:

a) Ganhei um anel de esmeralda.
b) Lúcia tem olhos de esmeralda.

Na frase a), a palavra esmeralda se apresenta em sua acepção mais estável, ou seja, em grau zero de significação, ou estado de dicionário. É o sentido denotativo ou sentido próprio da palavra: esmeralda = pedra preciosa, verde, brilhante.

A frase b) apresenta a palavra esmeralda em sentido figurado, que se distanciou do grau zero e é chamado sentido conotativo e atribui aos olhos de Lúcia, que não são de pedra, as mesmas características: verdes, brilhantes, preciosos.

Assim, fica claro que há duas possibilidades de expressão na elaboração de textos em geral:

Textos denotativos: são elaborados de forma objetiva, fazendo uso das palavras em sua significação mais estável. Em geral são textos acadêmicos, teórico-científicos, sérios artigos de jornais ou revistas, explicações ou reflexões objetivas sobre problemas. É a linguagem dos livros didáticos, das aulas, entre outros.

Textos conotativos: apresentam uma tendência subjetiva, fazendo uso das potencialidades de sentido das palavras, aproximando, principalmente no caso da poesia, o sentido e o contexto em que ela aparece.

É a linguagem dos poetas, da publicidade, das expressões emotivas e pessoais, da literatura e muitas vezes também do cinema e da mídia em geral.

Claro está que se trata de pendores mais acentuados para uma ou outra direção: há textos com tendência denotativa mais acentuada e outros com maior tendência conotativa, como numa gradação.

Assim:

- Denotação: sentido próprio da palavra = interpretação única.
- Conotação: sentido figurado da palavra = interpretação subjetiva.

Observe que, na linguagem figurada, a palavra sempre expressa uma carga emocional, a qual se mostra nas diferenças sutis que ocorrem em pares como: pegar/agarrar; tirar/arrancar; deixar/abandonar; rosto/cara; axila/sovaco; entre outras.

Algumas vezes também, a colocação das palavras altera o sentido do todo: velho amigo/amigo velho; certo relógio/relógio certo.

Fenômeno semelhante, porém menos freqüente do que a polissemia, a homonímia apresenta palavras iguais na sonoridade e também, muitas vezes, iguais na escrita. São palavras que têm formas iguais e significações diferentes, como ocorre em:

a) Na fruteira resta uma manga.

b) Ele mandou encurtar a manga do paletó novo

Temos, nos exemplos acima, a mesma forma manga, que se apresenta nas duas frases em grau zero de significação.

A diferença entre polissemia e homonímia é o fato de que palavras que apresentam mudanças de sentido de acordo com o contexto são todas polissêmicas. A homonímia está ligada ao desenvolvimento evolutivo da língua e, por isso, muitas das palavras perderam sua raiz inicial. Assim, é preciso tomá-la como um fato que muitas vezes não se explica.

De qualquer forma, conhecer esses fenômenos lingüísticos favorece a definição do tipo de texto que irá ser redigido e facilita sua elaboração.

Exercícios

1. Identifique as frases denotativas e conotativas, nos seguintes pares:

    a)

    O estudante despachou a *bagagem* pelo correio.

    O professor possuía uma vasta *bagagem* cultural.

    b)

    Comprei um *doce*

    Marta tem um sorriso *doce*

2. Escreva frases denotativas e conotativas com as seguintes palavras

    a) Coração

    b) Ilha

    c) Rubi

    d) Morte

    e) Calor

    f) Estrela

3. Redija um texto denotativo, com base no seguinte tema:

    "Toda a sociedade está ao alcance dos meios de comunicação".

    Lembre-se de dar um título ao seu trabalho.

4. Elabore um texto conotativo, com base no seguinte tema:

    "O amor é um grande laço".

    Dê um título ao seu trabalho.

5. Elabore um texto que apresente juntamente denotação e conotação, tendo como base o seguinte tema:

"Amigo é coisa pra se guardar, no lado esquerdo do peito".

Dê um título ao seu trabalho.

INSTRUÇÃO 6 – FUNÇÕES DA LINGUAGEM

Seis são os elementos envolvidos em todo e qualquer processo de comunicação, sendo que eles ficam ativos e se organizam num circuito de relações, quando o objetivo é a transmissão de uma mensagem. São eles:

- Emissor: aquele que transmite a mensagem, o responsável pela idéia a ser comunicada.
- Receptor: o destinatário da mensagem, aquele que a recebe.
- Mensagem: é o objetivo da comunicação, a idéia transmitida por um emissor ao receptor, por meio de um canal.
- Canal: é o instrumento, o meio físico pelo qual o emissor leva sua mensagem ao receptor.
- Código: é o conjunto/sistema de signos e normas, partilhados pelo emissor o pelo receptor, que permite ao emissor codificar uma mensagem que será decodificada pelo receptor.
- Referente: é o assunto da comunicação, o conteúdo da mensagem.

Esquematicamente temos:

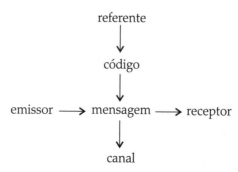

A comunicação obedece ao seguinte mecanismo: através de um **canal**, o **emissor** transmite ao **receptor**, empregando um **código** comum, uma **mensagem** que se reporta a um **referente** (um assunto).

É fácil perceber que em todo ato de comunicação existe uma **intenção** por parte do emissor da mensagem. Dependendo do objetivo que o emissor deseja atingir com sua mensagem, nela vai predominar uma determinada **função da linguagem**. Nenhuma mensagem apresenta uma única função da linguagem: uma das funções será predominante, mas nunca exclusiva, única.

A linguagem que empregamos para que o processo de comunicação (descrito acima) se complete pode se organizar para desempenhar as seguintes funções:

1. **Função referencial** (ou denotativa)

    A linguagem é objetiva, usada como instrumento de informação.

    Comum em jornais, livros didáticos etc.

    Nessa função o referente da comunicação está em realce, tanto que o receptor localiza o assunto da comunicação

    Exemplo:

    > O jogo será amanhã.
    > Teremos eleições este ano.

2. **Função emotiva** (ou expressiva)

    Revela a emotividade do emissor. Contém uma exteriorização psíquica de sentimentos, emoções, idéias, gostos etc.

    Essa função, geralmente centrada na primeira pessoa, é evidenciada pelas interjeições, adjetivos e sinais de pontuação – exclamações e reticências.

O emissor nessa função fica em realce e o receptor localiza a emoção, a expressão.

Exemplo:

> Nossa Senhora, foi muito bom!
> Eu odeio sarapatel.

3. **Função conativa** (ou de apelo)

Tem como alvo o receptor e quer afetar de alguma forma o seu comportamento.

Essa função é usada na propaganda e em discursos que expressam uma ordem ou um apelo. Ela emprega verbos no imperativo ou vocativo.

O próprio receptor é colocado em realce e localiza o apelo.

Exemplo:

> Venha, estude conosco!
> Experimente beber...

4. **Função fática**

Tem a finalidade de manter a conversa, verifica se o canal está funcionando, atrai a atenção continuada com expressões sem valor semântico (discurso esvaziado de significação).

O canal é posto em realce e o receptor localiza o contato.

Exemplo:

> Alô, está prestando atenção?
> Hum... hum... tá...

5. **Função metalingüística**

Utiliza o código para explicar o próprio código, é a linguagem que fala a respeito da linguagem.

O dicionário é metalingüístico por excelência.

Essa função coloca o código em realce e leva o receptor a localizá-lo.

Exemplo:

> Comum em expressões artísticas que abordem aquele próprio fazer artístico (filme que mostra um filme sendo feito etc.)
>
> Esclarecimento de certos termos ou expressões:
>
> – É um marsupial!
>
> – O que é marsupial?
>
> – Animal que tem uma bolsa no abdome, como o canguru.

6. **Função poética**

Maneira especial de elaborar o código, busca uma cuidadosa estruturação da mensagem

Sua área é a literatura e, naturalmente, por excelência, a poesia e as letras de música.

A mensagem é posta em realce e é localizada pelo receptor.

Exemplo:

> **Sete Anos de Pastor**
>
> Sete anos de pastor Jacob servia
> Labão, pai de Raquel, serrana bela;
> mas não servia ao pai, servia a ela,
> que a ela só por prémio pretendia.
> Os dias, na esperança de um só dia,
> passava, contentando-se com vê-la;
> porém o pai, usando de cautela,
> em lugar de Raquel lhe dava Lia.
> Vendo o triste pastor que com enganos
> lhe fora assim negada a sua pastora,
> como se não a tivera merecida,

> Começa de servir outros sete anos,
> dizendo: Mais servira, se não fora
> para tão longo amor tão curta a vida!
>
> (Luís de Camões)

A função poética também é um recurso fortemente empregado pela área de publicidade, como se observa em:

"Tome melhoral... é melhor e não faz mal".

"Tomou Doril... a dor sumiu".

Exercícios

1. Defina função emotiva da linguagem e elabore um exemplo.
2. Defina função conativa e elabore um exemplo.
3. Defina função referencial e elabore um exemplo.
4. Defina função fática e elabore um exemplo.
5. Defina função metalingüística e elabore um exemplo.
6. Defina função poética e elabore um exemplo.

Parte II

Atividades de Redação Criativa

As atividades apresentadas neste capítulo são alternativas de estímulo e desinibição para motivar a escrita. A proposta é despertar o potencial criativo adormecido, aguçando os sentidos, alimentando a imaginação, facilitando a criação.

Exercícios

1. Rodrigues Lapa em *Estilística da língua portuguesa*, livro maravilhoso, apresenta as impressões do escritor francês Valéry-Larbaud – que aprendeu o nosso idioma – acerca de algumas palavras da língua portuguesa. Vejamos:

    Só: a palavra exprime, na sua concisão desesperada, o extremo da solidão e do abandono.

    Menina: o termo é encantador. Já um outro estrangeiro, o alemão Link, que visitou Portugal, dizia que a expressão "minha menina" era a mais doce que se encontrava em qualquer língua.

    Medonho: há qualquer coisa de repugnante, infame e horroroso nesta palavra, comunica náusea.

    Saudade: impressão de céu nublado.

    Escreva uma carta empregando as quatro palavras apontadas acima.

2. Acompanhe a apresentação deste curioso experimento científico: num estudo sobre a eficiência de locomoção de várias espécies animais, considerando-se a capacidade de deslocamento entre dois pontos com mínimo dispêndio de energia, o vencedor foi o condor. Quanto ao homem, apresentou desempenho bastante medíocre, ficava na frente de pouco menos da metade dos animais.

    Mas alguém teve a idéia de testar um homem andando de bicicleta. Resultado: seu desempenho era quase duas vezes melhor do que o condor. O teste demonstrou a capacidade do homem como construtor de máquinas. Quando criou a bicicleta, ele inventou um instrumento que ampliava uma de suas capacidades naturais.

Elabore agora um texto intitulado "Computador: a bicicleta do século XXI".

3. Neologismo é uma palavra nova, inventada, não dicionarizada. Nos dias atuais, com a multiplicação em ritmo acelerado da informação e o embaralhamento das fronteiras – entre países, idiomas, culturas e campos do conhecimento –, o número de neologismos, atestando a vitalidade da língua, tende a crescer, acrescentando novidades ao léxico.

Os neologismos não se criam aleatoriamente, mas sim com base no sistema lingüístico, visto que nele estão previstos. A palavra nova é criada conforme a lógica interna da língua e, por isso, facilmente compreendida pelo falante, mesmo que nunca a tenha encontrado anteriormente.

Vejamos como os dicionários definem neologismo:

- Dicionário Houaiss:

> **neologismo** s.m. (1813 cf. MS²) LING **1** emprego de palavras novas, derivadas ou formadas de outras já existentes, na mesma língua ou não **2** atribuição de novos sentidos a palavras já existentes na língua ◊ ETIM *neologia* + *-ismo*; ver *ne(o)-* e *-logia* ◊ ANT arcaísmo ◊ HOM *neologismo*(fl.neologismar)

- Dicionário Aurélio:

> **neologismo.** [De *ne(o)-* + *-log(o)-* + *-ismo*.] *S. m.* **1.** *E. Ling.* Palavra ou expressão nova numa língua, como, p. ex., *dolarizar, dolarização*, no português. **2.** *P. ext.* Significado novo que uma palavra ou expressão de uma língua pode assumir. [P. ex.: *zebra*, como 'resultado inesperado'.] **3.** Nova doutrina, sobretudo em teologia.

Nós podemos encontrar neologismos em qualquer espaço de comunicação: nos livros, jornais, revistas, material publicitário, *sites*, programas de televisão, onde quer que a língua se manifeste. Os neologismos revelam como a língua é dinâmica. Exemplo da riqueza criativa do neologismo é apresentado pelo compositor carioca Billy Blanco:

Só mesmo a palavra sofrência
Que em dicionário não tem
Mistura de dor e paciência
Que é riso e que é pranto também

    Sofrência nasce da combinação do radical "sofr" e do sufixo "ência", elementos já existentes na língua: sofrimento, sofredor, influência, ausência. A combinação engenhosa de elementos do sistema lingüístico permite a criação de neologismos expressivos. Há um cartum genial do saudoso Henfil tratando do aumento das falências no Brasil, desenhado há quinze anos, mas ainda atualíssimo nos nossos dias: dois homens sentados em um banco de praça, ambos amargurados e insatisfeitos. O maltrapilho diz: "sou desempregado". O outro, de paletó gravata, "sou desempresário". A oposição empregado x desempregado sempre foi muito utilizada. A apresentada por Henfil seria inimaginável até então.

    Podemos observar que embora essas palavras possam não existir ainda, não entraram no repertório convencional da língua, daqui a alguns anos poderão ser encontradas nos dicionários e acabarão celebradas pela língua, tornando-se indispensável à comunicação entre as pessoas. Muitas novas palavras, por exemplo, vieram de estrangeirismos, a partir de termos originados em áreas que recentemente cresceram muito, como a genética e a informática. Casos notáveis são os termos "deletar", "zipar" e "salvar" (com o sentido de gravar um texto ou outro tipo de informação eletrônica). "Bits" só recentemente deixou os glossários técnicos de computação para se integrar ao vocabulário geral. Muita gente ainda resiste ao termo "delivery" para entrega em domicílio, mas se a palavra continuar sendo usada por muitos, acabará incorporada aos dicionários.

    No texto a seguir temos neologismos:

Correspondência

Aquele rapazinho escreveu esta carta para o irmão:

Querido mano, ontem futebolei bastante, com uns amigos. Depois cigarrei um pouco e nos divertimos montanhando até que o dia anoiteu. Então desmontanhamos, nos amesamos, sopamos, arrozamos, bifamos, ensopadamos e cafezamos. Em seguida varandamos. No dia seguinte cavalamos muito.

Abraços do irmão,
Maninho.

E o irmão respondeu:

Maninho,

Ontem livrei-me pela manhã, à tarde cinemei e à noite, com papai, teatramos. Hoje colegiei, ao meio-dia me leitei e às três papelei-me e canetei-me para escriturar-te. E paragrafarei finalmente aqui porque é hora de adeusar-te pois inda tenho que correiar esta carta para ti e os relógios já estão cincando.

De teu irmão,
Fratelo.
(Millôr Fernandes)

Agora é com você. Crie 5 neologismos e, com eles, escreva uma pequena dissertação intitulada "O homem como ser criativo".

Neologismos:

1. _____
2. _____
3. _____
4. _____
5. _____

Dissertação: "O homem como ser criativo".

4. Veja o seguinte poema:

Neologismo

Beijo pouco, falo menos ainda.
Mas invento palavras
Que traduzem a ternura mais funda
E mais cotidiana.
Inventei, por exemplo, o verbo teadorar.
Intransitivo:
Teadoro, Teodora.

(Manuel Bandeira)

O poeta criou um neologismo, um verbo do nome Teodora. Escolha um nome próprio, crie um neologismo e escreva um pequeno em que ele seja empregado.

5. Leia essa letra de música:

Idioma Esquisito

Eu fui fazer meu samba
Na mesa de um botequim
Depois de umas e outras
O samba ficou assim
Estrambonático
Palipopético
Cibalenítico
Estapafúrdico
Protopológico
Antropofágico
Presolopépico
Atroverático
Batulitétrico
Pratofinâmbulo

Calotolético
Carambolâmbalo
Posolométrico
Pratofilônica
Protopolágico
Canecalônica
É isso aí
É isso aí
Ninguém entendeu nada
Eu também não entendi

(Nelson Sargento)

Nessa canção genial, Nelson Sargento explora a riqueza dos neologismos. A esquisitice do idioma bolado pelo compositor provém da utilização de palavras que não fazem parte do cotidiano da maioria das pessoas. O autor usa palavras estranhas, diferentes e exdrúxulas (são todas proparoxítonas), ligadas a nomes de medicamentos ("cibalenítico", "atroverático") e a objetos ("canecalônica", "pratofilônica") e com outras parecidas com o que existe ("estapafúrdico" parece com "estapafúrdio").

Os neologismos criados por Nelson são muito especiais. Sua especificidade vem reforçada pelo emprego de paroxítonas, palavras que são raridades lingüísticas, "jóias" lingüísticas. A maioria das palavras do português é de paroxítonas, em segundo lugar estão as oxítonas.

A canção de Nelson ironiza também certo tipo de fala empolada, típica dos bacharéis, de gente que gosta de rebuscar a linguagem, complicando-a para, no fundo, nada ser entendido. Nelson registra o fato: "Ninguém entendeu nada / Eu também não entendi".

Agora, de forma criativa, apresente as seguintes descrições:
1. Uma pessoa atroverática
2. Uma música pratofilônica

6. Elementos gregos.

O idioma grego tem participado com freqüência da composição de novos vocábulos. Termos técnicos, científicos e literários vão buscar no grego a fonte de novas palavras.

Veja os radicais gregos listados abaixo:

Radical	Sentido	Exemplificações
acro	elevação	acrópole – acrobata
aer, aero	ar	aeronauta – aerofagia
agogo	que conduz	demagogo – pedagogo
agro	campo	agrário – agrônomo – agronomia
algós	dor	analgésico – nostalgia – cefalalgia
alpha	primeira letra (a)	alfabeto – analfabeto
anemo	vento	anemômetro
antho	flor	crisântemo
antropo	homem	antropófago – filantropo
arché	governo, comando	monarquia – anarquia – autarquia
astenia	debilidade	neurastenia – psicastenia
aster	astro	asteróide – astronomia – astrologia
auto	por si mesmo	automóvel – autobiografia – autonomia
baro	peso	barômetro – barítono
biblio	livro	bíblia – biblioteca
bio	vida	biografia – biologia
caco	feio, mau	cacografia – cacofonia
calo	belo	caligrafia
chlóros	verde	clorofila – clorofórmio
ciclo	círculo	ciclotímico – ciclovia
cito	cavidade, célula	citologia – citoplasma
cromo	cor	policromia – cromogravura
crono	tempo	cronologia – cronômetro
cosmos	ordem, mundo	cosmologia – cosmética
dactilo	dedo	datilografia – datiloscopia
deca	dez	decaedro – decalitro
demo	povo	democracia – demografia – demagogia
derma	pele	epiderme – dermatologia

Radical	Sentido	Exemplificações *(continuação)*
di	dois	dissílabo – dipétalo
doxa	opinião	heterodoxo – ortodoxo
dromo	corrida	hipódromo – aeródromo – velódromo
edra	face	poliedro – tetraedro
eco	ambiente	ecologia – economia
eido	forma	esferóide – elipsóide
electro	eletricidade	eletroímã – eletroscopia
eno	vinho	enologia – enoteca
ethnós	raça, povo	étnico – etnografia
farmaco	medicamento	farmacologia – farmacopéia
filo	amigo	filosofia – filantropo
fono	som, voz	fonologia – afônico
fobo	fogo, luz	fotografia – fotosfera
foto	medo, aversão	claustrofobia – aracnofobia
gamos	união	bígamo – polígamo
gastro	estômago	gástrico – gastronomia
geo	terra	geografia – geologia – geometria
glota	língua	poliglota – epiglote
gonia	ângulo	triângulo – polígono – diagonal
grama	letra, escrita	gramática – anagrama
gymno	nu	ginástica
gyné	mulher	gineceu – ginecologia
hemo	sangue	hemograma – hemorragia
hetero	outro, diferente	heterodoxo – heterogêneo
hex	seis	hexâmetro – hexágono
hidra	água	hidrômetro – hidravião
hipo	cavalo	hipódromo
homo	semelhante	homônimo – homógrafo
hypnós	sono	hipnose
iso	igual	isóceles – isometria
latria	culto	idolatria – zoolatria
leuco	branco	leucemia – leucócito
lito	pedra	litografia – litogravura
kephalé	cabeça	acéfalo – cefalgia
kratos	governo	democracia – aristocracia
logos	discurso	diálogo
mancia	adivinhação	necromancia – quiromancia
mania	loucura, tendência	megalomania – monomania

Radical	Sentido	Exemplificações (*continuação*)
mano	louco, inclinado	bibliômano – mitômano
maquia	combate	tauromaquia – logomaquia
macro	grande, longo	macróbio – macrocéfalo
mega	grande	megalomania
melo	canto	melodia
metro	medida	parâmetro – quilômetro
micro	pequeno	micróbio – microscópio
miso	ódio	misógino – misantropia
mono	um só	monograma – monogamia
necro	morto	monarca
neo	novo	necrotério
neuro	nervo	neologismo – neófito
nomos	lei	neurastenia – neurologia
noso	doença	autonomia
octo	oito	nosocômio – nosofobia
ode	canto	octógono – octaedro
odonto	dente	paródia – prosódia
oftalmo	olho	odontologia
oikos	casa	oftalmoscópio – oftalmologia
orto	reto, correto	economia – paróquia
palaio	antigo	ortografia – ortopedia – ortodoxo
pan	todos	paleografia – paleontologia
pente	cinco	pan-americano – panteísmo
pato	doença	pentágono – pentagrama
pedo	criança	patogênico – patologia
philos	amigo	pediatria
phobos	medo	filosofia – filantropia
physis	natureza	hidrofobia – acrofobia
piro	fogo	física
pluri	muitos	pirotecnia
pluto	riqueza	pluralizar – plurissecular
polis	cidade	plutocracia – plutomania
potamo	rio	acrópole – cosmopolita
proto	primeiro	hipopótamo – potamografia
pseudos	mentira	protótipo – protozoário
psyché	alma	pseudônimo
ptero	que tem asas	psicologia
quilo	mil	díptero – helicóptero
retro	movimento para trás	quilograma – quilômetro

Radical	Sentido	Exemplificações (*continuação*)
rino	nariz	retroagir – retroceder
sauro	lagarto	rinoceronte – rinoplastia
scopeo	ver	dinossauro
selene	lua	microscópio – telescópio
sema	sinal	selênio – selenita
sidero	ferro	semáforo – semântica
soma	corpo	siderurgia
sophós	sábio	somático
stico	verso	filósofo – teosofia
taqui	rápido	dístico
taxis	distribuição	taquigrafia – taquicardia
tecno	arte, ciência	taxidermia – táxi
tele	longe	tecnologia – tecnografia
teo	deus	televisão – telefone – telégrafo
terapia	cura	teocracia – teólogo – ateu
terme	calor	teologia
tetra	quatro	fisioterapia – hidroterapia
theke	caixa, lugar onde se guarda	termômetro – isotérmico tetrarca – tetraedro
tomia	corte, divisão	discoteca – biblioteca
tono	tom	
topos	lugar	tomo – dicotomia
toxico	veneno	monótono
tri	três	topografia – tópico
typo	modelo	toxicologia – toxicomania
xeno	estrangeiro	tríade
xilo	madeira	protótipo
zoon	animal	xenofobia
		xilofone – xilogravura
		zoológico – zoologia

Escolha dez radicais, componha com eles em cinco palavras (Ex: hidro + latria, culto da água) e empregue-as na elaboração de um texto (Ex: os *hidrólatras* gostam muito do mar e da piscina...).

7. A gíria é uma expressão popular, usual na linguagem despretensiosa e corrente, podendo ser empregada em diferentes graus. Trata-se de um meio expressivo cheio de vivacidade, revelador da dinâmica

da linguagem. Ela pode abranger a linguagem de certos meios específicos: casernas, prisões, funkeiros, surfistas, fanáticos por ICQ, maníacos por games etc. Vejamos, como ilustração, esta série de gírias usadas para nomear a aguardente de cana-de-açúcar:

abrideira
água benta
água que passarinho não bebe
amarelinha
apaga tristeza
aquela que matou o guarda
arrebenta peito
bagaceira
birita
braba
branquinha
caninha
carraspana
chorinho
cobertor de pobre
danadinha
dengosa
estricnina
leite de onça
manguaça
marafa
mé
metanol
meu consolo é você
parati
perigosa
pinga
purinha
tira juízo
veneno

Escreva um texto intitulado "Os perigos da bebida" empregando, pelo menos, sete das gírias apresentadas anteriormente.

8. Existem gírias específicas das diversas regiões geográficas do país (gírias mineiras, cariocas, cearences, paulistanas etc.). Também podemos acompanhar grande variação nas gírias típicas de cada época, revelando a gíria como um fenômeno de linguagem vivíssimo, em transformação constante. Veja algumas gírias dos anos 1960 e elabore com elas texto narrativo em primeira pessoa:

Gírias dos Anos 1960
aldeia global (nosso mundo)
bacana (bom, bonito)
boa-pinta (de boa aparência)
cafona (feio)
cara (indivíduo)
carango (carro)
certinha (mulher bonita)
chapa (amigo)
dar tábua (recusar-se a dançar)
é fogo! (é difícil)
é uma brasa, mora! (é espevitada, danada)
esticada (passar por vários restaurantes e bares noturnos)
fossa (depressão, crise existencial)
gamar (namorar)
gata (mulher bonita)
grana (dinheiro)
jovem guarda (movimento artístico musical)
legal! (ótimo!)
mancar (desrespeitar compromisso)
paca (muito)
pão (homem bonito)
papo-firme (conversa séria)
papo furado (conversa boba)
pé-de-chinelo (pessoa sem expressão)
pra frente (moderno)
quadrado (conservador)

tremendão (rapaz bonito)
uma brasa, mora (bom, ótimo!)

9. Use pelo menos dez gírias dos anos 1970 para construir um texto narrativo em terceira pessoa:

Gírias dos Anos 1970

Arquibaldos (torcedores de arquibancadas)
aprontar (criar uma situação)
babados (assuntos)
barra (situação difícil)
bicho (amigo)
bicho grilo (pessoa mal vestida)
bicho grilês (idioma de hippies)
bode (confusão)
capanga (bolsa)
careta (pessoa conservadora)
chocante (bom ótimo)
curtir (aproveitar)
dar no pé (ir embora)
dar o cano (não cumprir compromisso)
desligado (distraído)
entrar pelo cano (ser malsucedido)
estar por fora (mal informado)
falou e disse! (falou)
fofa (mulher bonita)
fofoca (intriga)
goiaba (bobo)
legal (ótimo)
numa boa (em ótima situação)
podes crer (acredite)
repeteco (repetição)
sacou? (entendeu?)
tá maus (está ruim)
tô ki tô (estou bem)
tou contigo e não abro (estou do teu lado)
tutu (dinheiro)

10. São muitas as gírias empregadas no universo do futebol. Aponte o que significam as apresentadas abaixo e elabore com elas um texto:
"Banheira"
"Bicicleta"
"Carrinho"
"Frango"
"Galera"
"Trivela"

11. Ironicamente o comportamento humano pode se aproximar de certos animais. Nas organizações, por exemplo, costumamos localizar a seguinte fauna:

O Jardim Zoológico

Leão: o rei da reunião, o dono do assunto, quando urra, todos os participantes se calam. Psicologicamente possui uma juba imponente que torna inquestionável sua ascendência sobre os demais animais. Mas o leão não é agressivo, está tão seguro de sua superioridade que pode mostrar-se tranqüilo e senhor de si. Muitas vezes, boceja despreocupado, digerindo os bons bifes que comeu e aproveitando o manso sol do final da tarde.

Hiena: bem, ela não se decide nunca, não emite opinião e adora, com todas as suas forças, o leão. Aprova tudo o que ele sugere e reclama dos outros por não acatarem ainda mais suas vontades. Ri de todas as piadas do leão e fica apavorada quando ele lhe dirige a palavra.

Tigre: esse é o leão ressentido por não ter ampla aprovação de todas as hienas e não ser acatado pelo grupo como soberano. Geralmente está de mau humor e pode, por isso mesmo, ter acessos perigosos de agressividade.

Raposa: sempre surpreendendo a todos com suas finas artimanhas. Ela dificilmente aceita caminhar em direção aos objetivos do grupo, emprega com freqüência a ironia, e a traição. Sua brincadeira preferida é o esconde-esconde.

Papagaio: ele não para de falar nem um minuto, dá palpites, sugestões, comenta tudo e fala da vida de todos. Algumas vezes grita, cai do poleiro e incomoda os bichos ao redor com sua agitada movimentação. Seu hábito é falar sem parar, quase sempre estando por fora do assunto.

Macaco: namorador, galanteador, divertido, brincalhão, espirituoso e bagunceiro. Mesmo tendo que enfrentar questões sérias acaba provocando risos. Não consegue ser levado à sério, muitas vezes irrita as pessoas e pode terminar, em certas circunstâncias, amuado e sem graça.

Descreva, pensando no ambiente de trabalho, os animais abaixo:

"Cobra"
"Coelho"
"Coruja"
"Elefante"
"Girafa"
"Ratinho"

12. A fábula, geralmente, é um texto curto e de compreensão fácil, tendo animais como personagens. Ela encerra uma mensagem, um princípio de vida, uma lição de moral. Essa máxima pode não estar explícita no texto, mas subentendida.

Veja o exemplo:

A Ovelha Negra

Em um país distante existiu faz muitos anos uma Ovelha Negra. Foi fuzilada. Um século depois, o rebanho arrependido lhe levantou uma estátua eqüestre que ficou muito bem no parque. Assim, sucessivamente, cada vez que apareciam ovelhas negras eram rapidamente passadas pelas armas para que as futuras gerações de ovelhas comuns e vulgares pudessem se exercitar também na escultura.

(Augusto Monterroso)

Crie agora uma fábula intitulada "A ovelha branca".

13. E se você, de repente, virasse um animal, mas conservasse o cérebro humano. Reflita, solte a imaginação e escreva sobre qual animal seria e por quê.
14. Livre-se da tautologia.

A tautologia é um dos vícios de linguagem mais comuns. Consiste em repetir uma idéia com palavras diferentes.

Veja algumas preciosidades de redundância:

01. Acabamento final
02. Elo de ligação
03. Certeza absoluta
04. Número exato
05. Quantia exata
06. Nos dias 8, 9 e 10 inclusive
07. Como prêmio extra
08. Expressamente proibido
09. Terminantemente proibido
10. Em duas metades iguais
11. Sintomas indicativos
12. Destaque excepcional
13. Há anos atrás
14. Vereador da cidade
15. Relações bilaterais entre dois países
16. Outra alternativa
17. Detalhes minuciosos
18. Interromper de uma vez
19. Anexo junto a carta
20. Livre escolha
21. Superávit positivo
22. Vandalismo criminoso
23. Todos foram unânimes
24. A seu critério pessoal
25. Conviver junto
26. Exultar de alegria
27. Encarar de frente
28. Comprovadamente correto
29. Fato real
30. Multidão de pessoas
31. Amanhecer o dia
32. Criação nova
33. Retornar novamente
34. Freqüentar assiduamente
35. Empréstimo temporário
36. Compartilhar conosco
37. Surpresa inesperada
38. Completamente vazio
39. Escolha opcional
40. Continua mantendo-se
41. Passatempo passageiro
42. Planejar antecipadamente
43. Repetir novamente
44. Voltar atrás
45. Abertura inaugural
46. Pode possivelmente ocorrer
47. Obra-prima principal
48. Bradar bem alto
49. Comparecer pessoalmente
50. Colaborar com um auxílio
51. Com absoluta exatidão
52. Demasiadamente excessivo
53. Individualidade inigualável
54. Abusar demais
55. Exceder em muito
56. Preconceito intolerante
57. Medidas extremas de último caso
58. Pessoalmente, eu acho...
59. Grande maioria
60. Best-seller mais vendido

Escolha três redundâncias apresentadas na lista e, corrigindo-as, elabore três frases.

[Ex: #01. "Acabamento final" – O pedreiro *finalizou* o reboco da parede]

15. A publicidade.

Freqüentemente encontramos um emprego interessante da linguagem em peças publicitárias, como nos exemplos:

- Nestlé: faz bem
- Globo: a gente se vê por aqui
- A estética russa em movimento (Automóveis Lada)
- Antes de dormir, não esqueça de apagar os insetos (SBP)
- O inseticida que não brinca em serviço (Rodiasol)
- A última refeição das baratas (Matox)
- Dedetizadora Veneza: você não encontra mais barata
- Quer que ele seja mais homem? Experimente ser mais mulher (Valisère)
- Triumph o showtiã
- Quando uma menina vira mulher, os homens viram meninos (Du Loren)
- Nenhuma mulher quer um homem bom de pia (Colchões Ortocrin)
- Perfeito até para dormir (Colchões Probel)
- Um banho de alegria num mundo de água quente (Duchas Corona)
- Vá e venha pela Penha
- Marabrás: preço melhor ninguém faz
- Estamos roxos de raiva com o arrocho salarial (Campanha de reposição salarial dos bancários, 2001)
- Pense forte, pense Ford

- Morumbi Shopping é Parati, mamãe (Promoção para sortear o carro no dia das mães)
- Yakult só da Yakult
- Você leva a vida, a gente leva você (Lufthansa)
- Depois de assistir os melhores momentos da Seleção, não deixe de ver a seleção dos melhores momentos (Cartão verde, durante a copa de 2002)
- Aumenta o número de vítimas atacadas pelas costas (Revista *Superinteressante*, especial sobre dores nas costas)
- Ob, meu primeiro grande absorvente
- Liberdade ainda que à tardinha (Sandálias Havaianas)
- Doces portugueses: o preço é uma piada (Habib's)
- Ruffles: a batata da onda
- Nokia: o mundo todo só fala nele
- As fitas não são virgens. Mas também, hoje em dia, quem é? (Blockbuster)
- Pense grande. Você já ouviu falar de Alexandre o Médio? (3i, consultoria empresarial)
- Brinquedo só no Natal. Bife de fígado toda semana. E depois você pergunta por que tanta criança traumatizada no mundo... (Brinquedos Estrela)
- (Sob uma foto de Fidel Castro) Economizar no vestuário não significa andar 30 anos com a mesma roupa (C&A)
- Tão fascinante como a Disney. Mas o mouse é mais inteligente (Computadores Compaq)
- Beba-o com respeito. É provável que ele seja mais velho do que você (Conhaque Henessy)
- Ame-os e deixe-os (Escolinha de educação infantil em Perdizes)
- "A Terra é azul (Gagarin)... e pequena" (Federal Express)
- Nunca foi tão fácil tirar o doce da criança (Escova Oral B)

- Dê ao seu bebê algo que você não teve na infância (Fraldas Johnson's)
- Rico em vitaminas. Milionário em proteínas (Danone)
- Só entre nessa gelada (Vodka Wyborova)
- É o mais rápido que você pode ir, sem ser obrigado a comer a comida de bordo (Porsche)
- Mais valem quatro cabeças de vídeo do que uma bem na sua frente, no cinema (Toshiba)
- Não beba uma só, bebavárias (Cerveja Bavária)
- Não temos música ao vivo, sorte sua (Outdoor de um restaurante na beira da Dutra)
- Nossos clientes nunca voltaram para reclamar (Outdoor de uma funerária em Ribeirão Preto)
- Peça original? Peça Weber
- Vista sem pagar à vista (Alfaiataria Cardoso, no Brás)
- Embreagem é Sachs, sacou?
- Peugeot: uma sinfonia em movimento
- *Keep walking*, Johnnie Walker
- TAP: prefira a nossa companhia
- Hospital Samaritano: o objetivo é ser humano
- Sheik Mate: mate a sede com chá mate
- Cerveja Caracu: quem bebe forte fica porque fortifica
- Conservatório coral de Santana: aqui é o nosso canto
- Ministério da Saúde: exame de próstata – é preciso tocar nesse assunto
- Era aniversário do meu filho... e eu Credicard o presente dele! (o produto vira verbo)

Imagine-se como publicitário inventivo. Crie chamadas para:

1. Um refrigerante
2. Um automóvel
3. Uma companhia aérea
4. Uma casa noturna
5. Um relógio
6. Uma livraria
7. Um computador
8. Uma cafeteria

16. Diálogo esquisito.

O seguinte diálogo aconteceu em um jogo de futebol:

Juiz: Rad fugri uzd adnim laitsoc fudla?
Jogador: Art fudla?
Juiz: Azdni uzd flum? Rad dulrap iorg?
Jogador: Faidla fugni naim, sruv duitsoc ga airga.
Juiz: Gram uzd dutla adnim naidrog?
Jogador: Mima drug eiard ardnu aztaile.
Juiz: Rag, Rag, uzd adnaim dolram!
Jogador: Daitso graioj uzd, adnim gru fulrap!
Juiz: Gnaidla uzd itsa nurg narg, tsa ksalrap!

Imagine que você seja o único tradutor brasileiro dessa língua exótica chamada:

Prepare, então, uma tradução interessante para o diálogo apresentado:

17. Na língua do P.

Veja este texto curioso: Pedro Paulo Pereira, pintor, pintava portas e paredes. Porém, pediu para parar porque preferiu pintar panfletos.

Partindo para Piracicaba, pintou prateleiras para poder progredir. Posteriormente, partiu para Pirapora. Pernoitando, prosseguiu para Paranavaí, pois pretendia praticar pintura para pessoas pobres. Porém, pouco praticou, pois padre Paulo pediu para pintar panelas, posteriormente pintou pratos para poder pagar promessas. Pálido, preferiu partir para Portugal para pedir permissão para permanecer praticando pinturas, preferindo Paris. Partindo para Paris, passou pelos Pirineus. Pareciam plácidos, porém percebeu penhascos pedregosos, perigosas pedras precipitavam. Pisando Paris pintou palácios pomposos, pontos pitorescos. Passando pela principal praça parisiense pintou pequenos pássaros pretos, políticos, populares, pedintes. Pedro progrediu, pintou Paris permanentemente.

Sua vez. Crie um pequeno relato usando a língua do P.

18. O mundo se divide em dois.

Neste exercício, você deve apontar as verdadeiras divisões do seu mundo, as que são mesmo pertinentes, uma vez que, infalivelmente, o mundo se divide sempre em dois. Ou não? Vejamos, por exemplo, algumas divisões fundamentais da humanidade:

gostam de passear de bicicleta	rodam rápido de carro
deixam a camisa fora da calça	põem para dentro
tomam chá sem açúcar	com açúcar
gostam dos Simpsons	gostam de South Park
gostam de iogurte	bebem cerveja
gostam de azeitonas verdes	preferem as pretas

1. Faça sua lista apontando dez outros contrastes entre coisas que você gosta e não gosta:

	gosto	não gosto
01		
02		
03		
04		
05		
06		
07		
08		
09		
10		

    2. Aponte suas razões. Ou seja, por que você gosta e não gosta daquilo que indicou?

    3. Elabore um texto intitulado "O melhor e o pior do mundo".

19. Leia o seguinte poema do paulistano Mário de Andrade:

Quando eu morrer quero ficar,
Não contem aos meus inimigos,
Sepultado em minha cidade,
      Saudade.
Meus pés enterrem na Rua Aurora,
No Paissandu deixem meu sexo,
Na Lopes Chaves a cabeça
      Esqueçam.
No Pátio do Colégio afundem
O meu coração paulistano:
Um coração vivo e um defunto
      Bem juntos.
Escondam no Correio o ouvido

Direito, o esquerdo nos Telégrafos,
Quero saber da vida alheia
      Sereia.
O nariz guardem nos rosais,
A língua no alto do Ipiranga
Para cantar a liberdade.
      Saudade...
Os olhos lá no Jaraguá
Assistirão ao que há de vir,
O joelho na Universidade,
      Saudade.
As mãos atirem por aí,
Que desvivam como viveram,
As tripas atirem pro Diabo.
Que o espírito será de Deus.
      Adeus.

1. Qual é a sua cidade natal? Apresente detalhadamente um dos marcos turísticos de sua cidade.
2. Aponte outra cidade em que você gostaria de viver. Por quê?
3. Inspirado pelo poema acima, diga onde (e por que) gostaria que repousassem:
   - seus pés
   - seu sexo
   - sua cabeça
   - seu coração
   - seus ouvidos
   - seu nariz
   - sua língua
   - seus olhos
   - seu joelho
   - suas mãos

- suas tripas
- seu espírito

20. Os seguintes avisos não precisavam ser incluídos em embalagens... mas foram.
    - Não use quando estiver vestindo a roupa (ferro de passar)
    - Não use para higiene pessoal (escova de vaso sanitário)
    - Remova o bebê antes de dobrar (carrinho de bebê)
    - Prejudicial se for engolido (isca de metal para vara de pescar)
    - Não remova a comida quando em uso (batedeira)
    - Se usado via anal, não deve ser colocado na boca (termômetro digital)
    - Não use como escada (porta CDs de 30 centímetros)
    - Não protege as partes do corpo que ficarem expostas (caneleira)
    - O produto se move quando em uso (patinete)
    - Não coma (toner de impressora)

    Agora crie avisos igualmente "úteis" para os seguintes produtos:
    1. Guarda-chuva
    2. Bola de futebol
    3. Bóia para piscina
    4. CD de pagode
    5. Aparelho de TV
    6. Chiclete
    7. Mamadeira
    8. Caneta tinteiro
    9. Máquina fotográfica
    10. Vaso sanitário

21. Veja a seguinte lista de substantivos coletivos:

Acervo	Coisas, bem patrimoniais
Alameda	Árvores em linha
Alcatéia	Lobos
Alfabeto	Letras
Antologia	Trechos literários
Armada	Navios de guerra
Atlas	Mapas
Auditório	Ouvintes
Baixela	Utensílios de mesa
Banca	Examinadores
Biblioteca	Livros
Biênio	Período de dois anos
Cáfila	Camelos
Cardume	Peixes
Congresso	Deputados e senadores
Constelação	Estrelas
Elenco	Atores
Enxame	Abelhas
Esquadra	Navios de guerra
Esquadrilha	Aviões
Estrofe	Versos
Exército	Soldados
Fato	Cabras
Fauna	Animais

Flora	Plantas
Galeria	Estátuas, quadros
Legião	Anjos, soldados ou demônios
Manada	Bois, elefantes, búfalos
Mobília	Móveis
Multidão	Pessoas
Plêiade	Poetas
Pomar	Árvores frutíferas
Rebanho	Ovelhas
Resma	Quinhentas folhas de papel
Serra	Montanhas
Tríduo	Três dias
Triênio	Três anos
Tropa	Burros
Vara	Porcos

1. Escolha um dos substantivos compostos para escrever um texto com este título: "Juventude: um elenco de oportunidades".
2. Escreva uma dissertação intitulada: "Alcatéia ou congresso".
3. Escreva uma descrição intitulada: "Cáfila".
4. Escreva um texto desenvolvendo a seguinte idéia: "não participar do rebanho ou da tropa". Intitule-o: "Sabedoria e coragem".

22. Leia atentamente o seguinte poema de Eugênio de Andrade:

As Palavras

São como um cristal,
as palavras
Algumas, um punhal,
um incêndio.
Outras,
orvalho apenas.

Secretas vêm, cheias de memória.
Inseguras navegam:
barcos ou beijos,
as águas estremecem.

Desamparadas, inocentes,
leves.
Tecidas são de luz
e são de noite.
E mesmo pálidas
verdes paraísos lembram ainda.

Quem as escuta? Quem
as recolhe, assim,
cruéis, desfeitas
nas suas conchas puras?

Usando sua capacidade de imaginação aponte:
Uma palavra que seja *punhal*:_____
Uma palavra que seja *incêndio*:_____
Uma palavra que seja *orvalho*: _____
Uma palavra que seja *secreta*: _____
Uma palavra que seja *memória*:_____

Uma palavra que seja *insegura*:_____
Uma palavra que seja *barco*: _____
Uma palavra que seja *beijo*: _____
Uma palavra que seja *desamparada*: _____
Uma palavra que seja *inocente*: _____
Uma palavra que seja *leve*: _____
Uma palavra que seja *luz*: _____
Uma palavra que seja *noite*: _____
Uma palavra que seja *pálida*: _____
Uma palavra que seja *verde paraíso*: _____
Uma palavra que seja *cruel*: _____
Uma palavra que seja *desfeita*: _____
Uma palavra que seja *concha pura*: _____

Escolha cinco das palavras anteriores e escreva uma dissertação intitulada "A força das palavras".

23. Veja a seguinte lista de adjetivos e respectivas locuções adjetivas:

Abdominal	de abdome
Apícola	de abelha
Sacarino	de açúcar
Aquilino	de águia
Anímico	de alma
Discente	de aluno
Episcopal	de bispo
Palustre	de brejo
Cefálico	de cabeça
Canino	de cão
Plúmbeo	de chumbo

Pluvial	de chuva
Cardíaco	de coração
Digital	de dedo
Adamantino	de diamante
Pecuniário	de dinheiro
Herbáceo	de erva
Uxoriano	de esposa
Estelar	de estrela
Faraônico	de faraó
Hepatico	de fígado
Ígneo	de fogo
Galináceo	de galinha
Bélico	de guerra
Viril	de homem
Eclesiástico	de igreja
Fraternal	de irmão
Manual	de mão
Lacustre	de lago
Leonino	de leão
Lunar	de lua
Másculo	de macho
Marmóreo	de mármore
Mnemônico	de memória
Monástico	de monge
Nasal	de nariz
Níveo	de neve
Auricular	de orelha
Auditivo	de ouvido

Papal	de Papa
Pascal	de Páscoa
Pétreo	de pedra
Platônico	de Platão
Suíno	de porco
Docente	de professor
Pulmonar	de pulmão
Ciático	de quadris
Renal	de rim
Fluvial	de rio
Rupestre	de rocha
Filatélico	de selo
Telúrico	de solo
Sísmico	de terremoto
Taurino	de touro
Venoso	de veia
Senil	de velho
Estival	de verão
Vítreo	de vidro
Ótico	de visão
Volitivo	de vontade

Escreva um texto empregando, pelo menos, sete dos adjetivos apresentados na lista anterior.

24. Veja a seguinte letra de música de Arnaldo Antunes:

As Coisas

As coisas têm peso,
Massa, volume, tamanho,
Tempo, forma, cor,
Posição, textura, duração,
Densidade, cheiro, valor,
Consistência, profundidade,
Contorno, temperatura,
Função, aparência, preço
Destino, idade, sentido
As coisas não têm paz...

Criativamente indique:

Uma coisa que tenha peso: _____
Uma coisa que tenha massa: _____
Uma coisa que tenha volume: _____
Uma coisa que tenha tamanho: _____
Uma coisa que tenha tempo: _____
Uma coisa que tenha forma: _____
Uma coisa que tenha cor: _____
Uma coisa que tenha posição: _____
Uma coisa que tenha textura: _____
Uma coisa que tenha duração: _____
Uma coisa que tenha densidade: _____
Uma coisa que tenha cheiro: _____
Uma coisa que tenha valor: _____
Uma coisa que tenha consistência: _____
Uma coisa que tenha profundidade: _____

Uma coisa que tenha contorno: _____
Uma coisa que tenha temperatura: _____
Uma coisa que tenha função: _____
Uma coisa que tenha aparência: _____
Uma coisa que tenha preço: _____
Uma coisa que tenha destino: _____
Uma coisa que tenha idade: _____
Uma coisa que tenha sentido: _____

1. Escolha uma das *coisas* indicadas e faça uma descrição.
2. Elabore uma dissertação intitulada: "Estamos imersos num mundo de objetos".

25. Um pouco de humor é sempre bem-vindo. Nos dias atuais, o inglês parece competir para se afirmar em todos os cantos do planeta. Aqui são apresentadas as confusões mais corriqueiras entre o português e o inglês, acompanhadas de alguns esclarecimentos para pessoas que não conhecem muito bem a língua de Shakespeare:

All day – Para dizer que não gosta. Ex.: Eu all day esse sujeito.
Apple – Para definir o que não presta. Ex.: Esse jornal apple caria.
Are – Nome de uma doença. Ex.: Eu sofro de falta de are.
Are you sick? – Você tem C.I.C. (Código de Identificação do Contribuinte)?
Be – Termo usado nos esportes. Ex.: O meu time é be campeão.
Beach – Efeminado. Ex.: Ele é meio beach.
Begin – Buraquinho na barriga. Ex.: O meu begin é pequeno.
Behind the door – Berrando de dor.
Best – Serve para xingar. Ex.: Esse cara é uma best.
Big Ben – Benzão.
Born to Loose – Nascido em Toulose.
Botton – Colocar. Ex.: Eles botton tudo no lugar errado.
Bus – Sujeito rejeitado. Ex.: Ele não passa de um BUStardo.

But – Termo usado no boxe. – Ex.: O Tyson não but mais em ninguém.
Byte – Agredir. Ex.: Ele sempre byte nela.
Can – Expressa dúvida. Ex.: Can é esse cara?
Can – Pergunta feita por quem tem amnésia. Ex.: Can sou eu?
Can't – Usada para definir temperatura. Ex.: Manaus é muito can't.
Can't – Oposto de frio. Ex.: O café está muito can't.
Car – Trata de valor. Ex.: Caviar é muito car.
Careful – supermercado. Ex.: Vou ao careful fazer compras.
Cheese – Penúltima letra do alfabeto. Ex.: Xadrez se escreve com cheese.
City – Serve para exemplificar. Ex.: City o nome de um de seus amigos.
Coffee – Onomatopéia que representa tosse. Ex.: Coffee, coffee, coffee.
Corn Flakes – Cornos Frescos.
Cream – Roubar, matar etc. Ex.: Ele cometeu um cream.
Curtain – Cortar, aparar. Ex.: Curtain a grama, por favor.
Dark – Palavra usada em antigo provérbio. Ex.: É melhor dark receber.
Date – Mandar alguém deitar. Ex.: Date aí!
Day – Verbo dar, conceder. Ex.: Day um chute nele. Eu day um presente a ela.
Dick – Letra de música. Ex.: Dick vale o céu azul e o sol sempre a brilhar...
Door – Doença. Ex: Estou com door de barriga.
Eleven – Termo de Economia. Ex.: Espero que os preços não se eleven.
Eleven – Mandar levantar. Ex.: Eleven o nível da conversa aí!
Everybody – Todos os bodes.
Eye – Interjeição de dor. Ex.: Eye!!! Que dor de barriga!
Fail – Oposto de bonito. Ex.: Ele é muito fail.

Feel – Barbante. Ex.: Me dá um pedaço desse feel para embrulhar o pacote.
Feel Good – Bom frio.
Fought – Retrato. Ex.: Vamos tirar uma fought?
Four – Expressa dúvida. Ex.: E se ela não four?
Fourteen – Pessoa baixa e forte.
French – Parte dianteira. Ex.: Beep! beep! Sai da minha french!
Free Shop – Chop de graça.
Go – Termo usado no futebol. Ex.: Meu time fez um go.
Go ahead – Gol de cabeça.
Go Home – Vai a Roma.
Good – Brincadeira de crianças. Ex.: O menino adora jogar bolinhas de good.
Hair – Marcha do carro. Ex.: Ele engatou a marcha hair.
Halloween – Quando a ligação não está boa.
Hand – Termo do mercado financeiro. Ex.: Aplicar em dólar não hand nada.
Hand – Entregar, dar-se por vencido, render. Ex.: Você se hand?
Happy days – Alta velocidade. Ex.: Ele chegou com uma happy days incrível!
He – Designa alegria. Ex.: He melhor quem he por último.
Hello – Esbarrou. Ex.: Ela hello o braço na parede.
Here – Motivo de discórdia. Ex.: O motivo da briga é um here do outro.
Him – Parte do sistema digestivo. Ex.: Aquele senhor sofre do him.
Home – Nome de cidade. Ex.: Quem tem boca vai a home.
I am hungry – Eu sou húngaro.
I am the best – Eu sou uma besta.
Ice – Expressa desejo, esperança. Ex.: Ice ela me desse bola.
I'm alone – Estou na lona.
It's too late – É muito leite.
Know how – Saber latir.

Label – Parte da face que envolve a boca. Ex.: Ela passou batom no label.
Last – Ponto cardeal. Ex.: O Sol nasce no Last.
Late – Alimento. Ex.: As crianças precisam tomar late.
Layout – Fora da lei.
Look at – Termo pejorativo. Ex.: Essa menina é ma look at.
Lot – Terreno. Ex.: Comprei um lot de 500m².
May – Afirmativo de queimadura. Ex.: Mickey may.
May go – Pessoa dócil. Ex.: Ele é tão may go.
Mean – Pronome. Ex.: Para mean isso não vale nada.
Merry Christmas – Maria Cristina.
Mickey – Quando ocorre queimadura. Ex.: Pus a mão no fogo e mickey mei.
Mister – Sanduíche. Ex.: Eu quero um mister can't.
Monday – Ordena. Ex.: Ontem monday lavar o carro / Você fez o que eu monday?
More – Localização. Ex.: O homem more em Santos.
Morning – Nem can't, nem frio. Ex.: A panela está morning.
Must go – Triturar com os dentes. Ex.: Ela colocou chiclete na boca e must go.
Never – Mau tempo. Ex.: Nesse inverno vai cair never em São Joaquim / Gosto de fazer bonecos de never.
Noise – Coletivo de "eu". Ex.: Noise fumo e vortemo.
Not – Serve para chamar a atenção. Ex.: Not que ele já não é o mesmo.
One ice-cream – Um crime cometido com frieza.
Paint – Objeto usado para desembaraçar cabelos. Ex.: Me empresta o paint.
People – Alimento à base de milho. Ex.: Adoro comer people-ca.
River – Pior que fail. Ex.: Ele é o river.
Sad – Vontade de beber água.
Say – Expressa dúvida. Ex.: Não say o que dizer.

Redigir • Agir por Escrito

See – Expressa dúvida. Ex.: E see não der certo?
She – Interjeição. Ex.: She!!!! Isso não vai dar certo!
She doesn't care – ela não quer
She's cute – Ela escuta
She's wonderful – Queijo maravilhoso
Shoot – Agressão física com os pés. Ex.: Dei um shoot nela
Soccer – Outra agressão física. Ex.: Dei um soccer também
So free – Sofri, padeci. Ex.: Como eu so free para ganhar esse dinheiro!
Somewhere – Pessoa do interior. Ex.: O Somewhere é irmão do Danier
Sort – Pedir para largar. Ex.: Sort minha mão!
Stop wells – Parabéns!
Sun – Do verbo ser. Ex.: 2 +2 sun 4
Talk – Pó branco para bebês. Ex.: O melhor talk é o Pompom
Telling the truth – Talão da T.R.U. (Taxa Rodoviária Única)
Ten – Expressa posse. Ex.: Esse cara ten muito dinheiro
The boy is behind the door – O boi está berrando de dor
The Smiths – Usado nas empresas. Ex.: O patrão the smiths maus funcionários
This – Para tirar dúvida. Ex.: Ele this que vai
This don't have nothing to see – Isso não tem nada a ver
To do – Usado para quantificar. Ex.: Já fiz to do o que podia
Too eat – Tipo de alto-falante. Ex.: Instalei um too eat no meu carro
Too much – Comida. Ex.: Gosto de salada de too much
To see – Doença, o mesmo que coffee. Ex.: Ontem eu to see o dia todo
To sir with love – Tossir com amor
Try again – Traia alguém
Two – Pronome. Ex.: Two estás muito bem!
Vase – Momento, oportunidade. Ex.: Agora é a minha vase

Welcome – Bom apetite.
Why – Expressão usada em Minas Gerais. Ex.: Que trem é esse, why?
Window – Usado em despedidas. Ex.: Bom, já vou window
Y – Letra mais pronunciada pelos mineiros. Ex.: Y sô (Y se pronuncia uai).
Year – Deixar, partir. Ex.: Ela teve que year. Eu tenho que year embora.
Yellow – Na companhia dela. Ex.: Saimos eu e yellow.
You – Expressa dúvida. Ex.: You seu pai, como vai? You seu irmão, vai bem?

Divirta-se escrevendo um texto narrativo em que apareçam algumas dessas expressões em "inglês".

DVS Editora Ltda.
www.dvseditora.com.br